T0128346

essentials

essentials liefern aktuelles Wissen in konzentrierter Form. Die Essenz dessen, worauf es als „State-of-the-Art" in der gegenwärtigen Fachdiskussion oder in der Praxis ankommt. *essentials* informieren schnell, unkompliziert und verständlich

- als Einführung in ein aktuelles Thema aus Ihrem Fachgebiet
- als Einstieg in ein für Sie noch unbekanntes Themenfeld
- als Einblick, um zum Thema mitreden zu können

Die Bücher in elektronischer und gedruckter Form bringen das Expertenwissen von Springer-Fachautoren kompakt zur Darstellung. Sie sind besonders für die Nutzung als eBook auf Tablet-PCs, eBook-Readern und Smartphones geeignet. *essentials:* Wissensbausteine aus den Wirtschafts, Sozial- und Geisteswissenschaften, aus Technik und Naturwissenschaften sowie aus Medizin, Psychologie und Gesundheitsberufen. Von renommierten Autoren aller Springer-Verlagsmarken.

Weitere Bände in der Reihe http://www.springer.com/series/13088

Thomas Breyer-Mayländer

Marketing für Kommunalverwaltung und Kommunalpolitik

Kommunikations- und Partizipationsstrategien für das Gemeinwohl vor Ort

Thomas Breyer-Mayländer
Hochschule Offenburg
Offenburg, Deutschland

ISSN 2197-6708 ISSN 2197-6716 (electronic)
essentials
ISBN 978-3-658-24559-7 ISBN 978-3-658-24560-3 (eBook)
https://doi.org/10.1007/978-3-658-24560-3

Die Deutsche Nationalbibliothek verzeichnet diese Publikation in der Deutschen Nationalbibliografie; detaillierte bibliografische Daten sind im Internet über http://dnb.d-nb.de abrufbar.

Springer Gabler

Springer Gabler ist ein Imprint der eingetragenen Gesellschaft Springer Fachmedien Wiesbaden GmbH und ist ein Teil von Springer Nature
Die Anschrift der Gesellschaft ist: Abraham-Lincoln-Str. 46, 65189 Wiesbaden, Germany

Was Sie in diesem *essential* finden können

- Eine Sachstandsanalyse zur Attraktivität von Kommunalverwaltung (KV) und Kommunalpolitik (KP)
- Erklärungen für das geringe Interesse an den unmittelbaren kommunalen Lebensbereichen
- Stakeholderanalysen der kommunal relevanten Bezugsgruppen
- Analyse und Erklärungen für den kommunalen Marketingmix (inkl. der Ebene der „Produkte")
- Analyse und Erklärungen zur Kommunikation (Kommunikationskanäle und -inhalte für KV und KP)

Vorwort

Dieses *essential* entstand vor dem Hintergrund praktischer Erfahrungen und Projekte, die in dieser Ausarbeitung mit den theoretischen Grundlagen verbunden werden und so eine systematische Erarbeitung des Themas ermöglichen. Das sind die Erfahrungen als Fraktionsvorsitzender im Stadtrat von Ettenheim bei der Anwerbung von Kandidat/inn/en für kommunale Gremien. Darüber hinaus sind es Workshops und Beratungsprojekte mit den deutschsprachigen Hochschulen für öffentliche Verwaltung zur Ansprache von Studieninteressierten oder mit dem Städtetag Baden-Württemberg und mit einzelnen Kommunen zur Steigerung der Attraktivität der Berufsbilder im Bereich der Kommunalverwaltung, sowie die Erfahrungen mit dem Kandidatenfeld für Kommunal- und Bürgermeisterwahlen, die in dieses *essential* Eingang gefunden haben. Diese Erfahrungen haben mich dazu bewogen, den neuen spezifischen Aufgaben der Kommunen u. a. im Bereich Marketing und Kommunikation Rechnung zu tragen und diese Ausarbeitung zum Marketing für Kommunalverwaltung und Kommunalpolitik zu erstellen. In diesem Zusammenhang möchte ich mich bei allen Gesprächs- und Kooperationspartnern aus Wissenschaft und Praxis bedanken, deren Input mit in diese Zusammenstellung einfließen konnte. Darüber hinaus gilt mein besonderer Dank Beate Ritter, meiner Ehefrau, die in diesem Fall einmal mehr das Erstlektorat für eine meiner Publikationen übernommen hat. Weiterhin möchte ich mich bei Anette Villnow und Imke Sander-Petry von Springer Gabler für die professionelle Unterstützung der Publikation bedanken.

Thomas Breyer-Mayländer

Inhaltsverzeichnis

1 Sachstand und Problemstellung: Das (Des)-Interesse an kommunalen Themen

1.1 Kommunalpolitik und -verwaltung als Gegenstand der Berichterstattung lokaler und regionaler Medien

Die Frage, welchen Stellenwert Kommunalpolitik besitzt, ist nicht nur für die Akteure in Politik und Verwaltung sondern auch für die lokalen Nachrichtenmedien von Interesse. Eine Erhebung des IfD Allensbach legt zunächst den Schluss nahe, dass sich die Deutschen sehr stark für lokales Geschehen interessieren (s. Abb. 1.1). Die politische Realität zeigt jedoch, dass sich dies nicht in einem aktiven Teilnehmen an den maßgeblichen Zukunftsentwicklungen widerspiegelt, was sich auch u. a. an Wahlbeteiligungen von unter 50 % bei offenen OB-Wahlen zeigt.

Themeninteresse der Deutschen (Interesse am lokalen Geschehen im Vergleich)
Eine Erklärung dafür liefert die Frage, wie stark denn das Interesse an lokaler Politik ausgeprägt ist. Hier ergibt sich ein differenziertes Bild, das insbesondere bei jüngeren Zielgruppen keine allzu ausgeprägte Lokalpolitikneigung widerspiegelt (Abb. 1.2).

Themen bei denen es Jugendlichen in Deutschland sehr wichtig oder wichtig ist, über neue Entwicklungen schnell Bescheid zu wissen
Es gibt unterschiedliche Gründe, weshalb auch bei intensiver Nutzung von Nachrichtenmedien die Themen Lokalpolitik und das lokale Verwaltungshandeln geringere Beachtung finden. Der gestiegene intermediale Wettbewerb hat zudem in lokalen Märkten (vgl. Breyer-Mayländer 2016) die finanziellen Spielräume für Nachrichtenqualität reduziert.

T. Breyer-Mayländer, *Marketing für Kommunalverwaltung und Kommunalpolitik*, essentials, https://doi.org/10.1007/978-3-658-24560-3_1

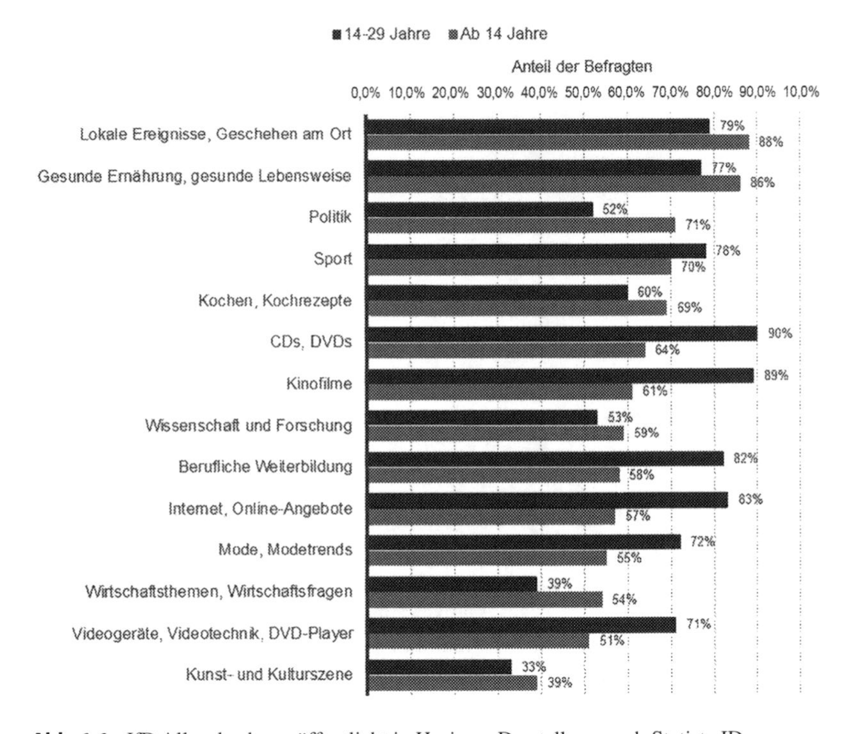

Abb. 1.1 IfD Allensbach, veröffentlicht in Horizon, Darstellung nach Statista ID

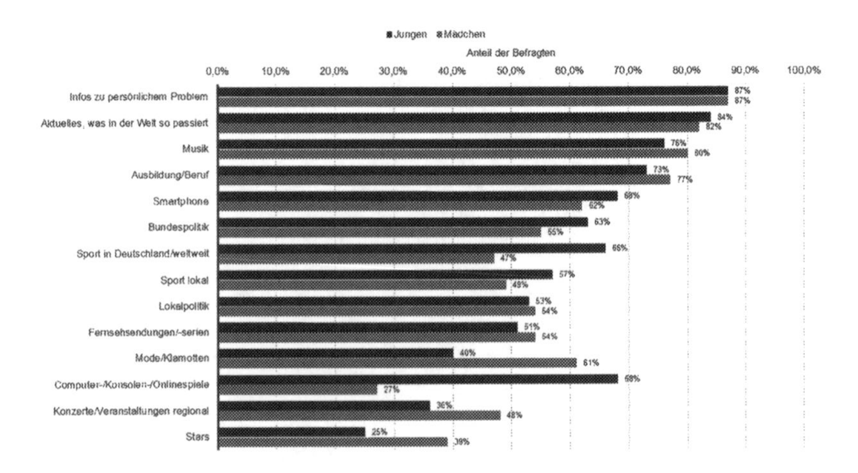

Abb. 1.2 mpfs nach Statista

> Auch für die lokale Berichterstattung nutzen immer mehr Verlage das Prinzip des Einkaufs redaktioneller Leistungen als Ersatz für die eigene Produktion. Lokalredaktionen werden personell abgebaut oder komplett aufgegeben. Lokale Berichterstattung oder gar der komplette Lokalteil werden von jenen Wettbewerbern übernommen, mit denen zuvor auch über die redaktionellen Leistungen der Wettbewerb ausgetragen wurde (Röper 2018, S. 219 f.).

Darüber hinaus ist Lokalpolitik oftmals – gerade in kleineren Kommunen – stark konsensorientiert. Strittige Fragen werden vorab in informellen Gesprächen und nicht-öffentlichen Ausschusssitzungen geklärt, sodass vielfach die Stadt- und Gemeinderäte dann am Ende mit großen Mehrheiten oder gar einstimmig beschließen können. Für eine sachorientierte Politik ist dieses Vorgehen vorteilhaft, für die Transparenz und die Präsentation von verantwortlichem kommunalen Handeln in Politik und Verwaltung hat es jedoch einen entscheidenden Nachteil: Hans-Georg Wehling kommt nicht umsonst zu dem Schluss, dass dies sowohl für Besucher der Ratssitzungen als auch für Leser der Lokalpresse eher „langweilig" (vgl. Wehling, H.-G. 2009, S. 25) wirkt.

Solange ein Abonnement einer Tageszeitung noch zur bürgerlichen Standardinfrastruktur gehörte, kamen Bürger/innen zwangsläufig mit kommunaler Politik und Hintergrundberichterstattung in Kontakt. Durch den Wandel des Mediensystems wurde die Lücke mit aktiv abonnierten lokalen Medien in der Altersklasse ab 30 Jahren nicht geschlossen. Gerade im Hinblick auf die gestiegene Nutzungszeit in sozialen Medien ist ein Rückgang der aktiven Informationsnutzung redaktioneller Inhalte feststellbar. Das vom amerikanischen Journalisten und Wissenschaftler Jeff Jarvis formulierte Prinzip, wonach eine Nachricht, dann, wenn sie wichtig ist, mich schon erreichen wird (vgl. Haller 2015) dürfte gerade bei lokalen Nachrichten nur begrenzt zutreffen. In die Lücke springen neben den weniger steuerbaren sozialen Medien zunehmend Anzeigenblätter als „kostenlose Wochenzeitung". Wenn es um die Nachrichten aus sozialen Medien geht, so hat sich vor allem der Rhythmus hier verschoben. Waren früher die Rundfunkmedien die ersten, die berichtet hatten, sind es heute andere User, die im „oh my god" (OMG)-Modus vor allem den Themen großes Gewicht verleihen (vgl. Hetfleisch 2017), die sehr aktuell und emotional sind. Hier findet dann logischerweise in der Themenpräferenz ein spektakulärer Unfall mehr Beachtung als ein richtungsweisender Gremienbeschluss. Mehr Blaulicht-News und weniger Infos aus lokaler Politik und Verwaltung sind somit die Konsequenz.

1.2 Wahlen für Gremien und Funktionsstellen – das kommunale Kandidatenfeld

Ein deutliches Symbol für den Stellenwert von Themen und Berufsfeldern ist die Entwicklung der Popularität dieser Ämter, die sich auch in einer entsprechenden Veränderung der Nachfrage niederschlägt. Die Wahlkampfaufrufe von Parteien an ihre Mitglieder im Hinblick auf die Mobilisierung von Kandidatinnen und Kandidaten in bevorstehenden Kommunalwahlkämpfen haben mitunter schon fast etwas Beschwörendes: „Gute Politik lebt vom direkten Draht zu den Menschen. Die Präsenz vor Ort ist hierbei unsere große Stärke als Volkspartei. Unsere Mitglieder in den Stadt- und Ortsverbänden, unsere Mandatsträger in den Kommunalparlamenten: sie geben unserer CDU ein sympathisches Gesicht…" (CDU Baden-Württemberg, Brief vom 20.07.18, Satz 2 und 3 des Zitats sind im Original fett gedruckt).

Diese Aktivitäten sind jedoch nicht nur auf der Seite der politischen Gruppierungen und Parteien zu finden. Auch auf institutioneller Ebene versucht man die Menschen für diese Aufgaben zu sensibilisieren und zu motivieren. Der „Staatsanzeiger" ist als „Wochenzeitung für Wirtschaft, Politik und Verwaltung in Baden-Württemberg" ein absolutes Special Interest Medium mit dem Fokus auf die Landes-, Regional- und Kommunalpolitik. Er hat im April 2018, mehr als ein Jahr vor der bevorstehenden Kommunalwahl in diesem Bundesland, mit einer eigenen Sonderbeilage „Kommune gestalten" die Werbung für die Wahl selbst und die Kandidatenakquise begonnen.

Es gibt zunehmend Schwierigkeiten, ein qualitativ und quantitativ ein ausreichend besetztes Kandidatenfeld zu bekommen. „Für Gemeinden ist es zunehmend schwieriger geworden, überhaupt Personen zu finden, die bereit sind, ein Bürgermeisteramt zu übernehmen oder für den Gemeinderat zu kandidieren." (Renker 2018, S. 54) Die dadurch einsetzende Problematik, dass es zu „zweit- und drittklassige(n) Besetzungen" (Renker 2018, S. 54) kommen kann, entfacht zusätzlich eine gewisse Negativdynamik. Wenn das Wahlrecht beispielsweise bei kommunalen Gremienwahlen Listen mit möglichst vielen Kandidaten bevorzugt, dann besteht die Tendenz, auf noch freie Listenplätze auch Kandidat/inn/en aufzunehmen, die wenig politikaffin sind.

Ob die Funktion als Stadt- oder Gemeinderat attraktiv ist, hängt letztlich auch von den Rahmenbedingungen ab, d. h. von der Frage, welche faktischen Entscheidungsmöglichkeiten das jeweilige Gremium hat. Gremien, die wenig eigene Entscheidungsbefugnisse haben wie etwa Ortschaftsräte in Baden-Württemberg, sind im Hinblick auf echtes Gestalten unbefriedigend. Der Umstand, dass auch bei klarer Aufgabenzuweisung an die jeweiligen Gremien, immer mehr Bürger der Ansicht sind, dass sie eigentlich dazu gefragt werden müssten, kann ebenfalls zu Schwierigkeiten führen. Hier ist eine Tendenz feststellbar, dass das Repräsentationsprinzip immer mehr infrage gestellt wird. Wenn dazu noch – wie in vielen Bundesländern in der jüngsten Zeit geschehen – die Anforderungen an Bürgerbegehren und Bürgerentscheide abgesenkt wurden, um mehr direkte Mitbestimmung zu ermöglichen, kann das ebenfalls dazu führen, dass Mandate als weniger attraktiv wahrgenommen werden.

Wenn man bei der Wahl von kommunalen Ehrenämtern wie Gemeinderäten sich noch im allgemeinen Sog der zunehmenden Personalknappheit im ehrenamtlichen Bereich (vgl. auch Vereine etc.) befindet, sind die in vielen Regionen rückläufigen Bewerberzahlen bei Wahlen für das Amt des (Ober) Bürgermeisters ein weiterer Hinweis auf ein Imageproblem von Kommunalverwaltung und Kommunalpolitik. Das Risiko eines auch persönlich finanziell teuren Misserfolgs bei einer Kandidatur in den Bundesländern, die eine Direktwahl bei (Ober) Bürgermeister/inne/n vorsehen, hält viele von einer Kandidatur ab, weshalb auch Berater und Ratgeber versuchen den Beruf in seiner Attraktivität zu beschreiben, um etwas gegen die „Bewerberflaute" (Abberger 2013) zu tun. Der faktische Gestaltungsspielraum von Bürgermeister/innen ist – ebenso wie der Wahlmodus – von Bundesland zu Bundesland unterschiedlich. Bei den süddeutschen Ratsverfassungen, die in den Flächenländern vorherrschen (vgl. Wehling, H.-G. 2009, S. 10), wird die Funktion des Bürgermeisters direkt gewählt und muss daher auch mit entsprechend starken Kompetenzen ausgestattet sein. Entsprechend lässt sich feststellen: „Bürgermeister zu werden, insbesondere in Baden-Württemberg, ist ein lohnendes Berufsziel. In kaum einen anderen Beruf gibt es so viele Gestaltungsmöglichkeiten." (Wehling, H.-G. 2016, S. 15).

Die gestiegenen Anforderungen (vgl. Banner 2016, S. 222) in den Bereichen demografischer Wandel, Standortwettbewerb, aber auch Aufgabenwandel und -vielfalt inklusive der von kommunaler Seite kaum steuerbaren Zusatzverpflichtungen, wie sie etwa bei der Kinderbetreuung oder der Unterbringung von Geflüchteten sichtbar werden, führen jedoch zu einer steigenden Belastung im Amt. Der Umstand, dass man als Teil der Exekutive immer stärker auch sehr persönlicher unsachlicher Kritik ausgesetzt, die über soziale Medien auch im Sinne der Falschmeldung und Rufschädigung bequem und zeitnah verbreitet werden kann, hat diese öffentlichen Funktionen nicht beliebter gemacht. Je nach Bundesland stehen zudem parteipolitische Lagerüberlegungen im Vordergrund, was dem Ansehen und der Wirksamkeit des Berufs nicht immer zuträglich ist (vgl. Banner 2016, S. 228 ff.; Kost 2016, S. 254 ff.).

1.3 Employer Branding für Kommunen – die schwierige Suche nach Fach- und Führungskräften

Ein weiteres Symptom im Rahmen der Ist-Analyse kann man aus den derzeitigen Problemen kommunaler Einrichtungen bei der Akquise von Personal ableiten. Seit der Jahrtausendwende wurde es zusehends schwieriger, ausreichend attraktiv für Nachwuchs-, Fach- und Führungskräfte zu sein.

In der Marktsituation des Bewerbermarkts, ist es nicht verwunderlich, dass die im Gehaltsniveau eher geringer bezahlten Stellen des öffentlichen Dienstes schwierig zu besetzen sind. Gerade im technischen Sektor, ob Straßenwärter oder Bauingenieur, gibt es für die Kandidat/inn/en stets eine Reihe besser bezahlter Alternativjobs in Wirtschaftsunternehmen. Für Kommunen stellt sich daher – ähnlich wie bei der Suche nach Kandidat/inn/en für die unterschiedlichen Wahlämter – die Frage, wie man das Berufsbild bei Kommunen besser positionieren kann.

Hier spielt das Image-Problem des Verwaltungsberufs eine gewisse Rolle. In Interviews mit jungen Berufsanfängern in der Kommunalverwaltung, wird man beispielsweise mit der Tatsache konfrontiert, dass Berufsanfänger sich in ihrem Freundeskreis für ihre Berufswahl rechtfertigen müssen. Es gilt in der Peer-Group von Jugendlichen nicht unbedingt als besonders cool, wenn man eine Ausbildung oder ein Studium im Verwaltungsbereich aufnimmt. Das hat auch etwas mit dem generellen Image von Verwaltung zu tun. „Mit der Verwaltung ist es wie mit der Verdauung. So lange sie funktioniert, merkt keiner was von ihr" (Kegelmann 2013, S. 245). Die Aufmerksamkeit der Bürger fokussiert sich also auf die Fälle, in denen die Verwaltung nicht funktioniert, auf den Frust- und Mängelfall. Bei Staatsinstitutionen haben wir in der Tat einen besonderen Fall der Umwelt- und Kundenorientierung vorliegen. „Ihr „Kunde" ist nicht wirklich ein Kunde, er ist Tributpflichtiger. Er zahlt für diese Dienstleistungsinstitution, ob er will oder nicht, (…) Steuern, Abgaben, …(…). Die Produkte dieser Institutionen sollen keinen Bedarf befriedigen. Sie sollen eine Notwendigkeit befriedigen" (Drucker 2009, S. 212).

Dass sich hinter dem von Max Weber formulierten Prinzip einer Verwaltung (vgl. Weber 1972, S 124 ff.) allgemein anerkannt und notwendige Grundsätze verbergen ist den meisten Kritikern von Verwaltungen nicht bewusst. Dabei geht es um Themen wie:

Bindung an Recht und Gesetz (Regelorientierung)
Spezialisierung auf Basis einer funktional gegliederten Arbeitsteilung
Dokumentation durch das Prinzip der Schriftlichkeit/Aktenführung
Personenunabhängigkeit im Sinne einer Neutralität (vgl. auch Beamtenstatus)

Die Wirkung, die Worte wie „Verwaltung“ beim Empfänger auslösen, wird durch den Begriff der „Frames“ gekennzeichnet. Dieser „gedankliche Deutungsrahmen“ (vgl. Wehling, E. 2016, S. 17) wird beim politischen Framing dazu benutzt, einzelne Themen mit einem Rahmen zu versehen, der „ideologisch selektiv“ (Wehling, E. 2016, S. 42) wirkt. Man versucht also Begriffe zu prägen, die die Diskussion bestimmen und eine Wirkung haben, die der eigenen Position weiterhilft. Diese eher abstrakte Definition lässt sich sehr einfach am konkreten Beispiel darstellen. So haben 2012 die politischen Akteure mit dem Begriff „Euro-Rettungsschirm“, d. h. den beiden entscheidenden Wortbestandteile „Rettung“ und „Schirm“ die Finanzspritzen für den Bankensektor beschrieben. Gerade eher negative Themen werden immer wieder mit dem Begriff der Rettung belegt, um die positive Seite des erfolgreichen Helfens in den Vordergrund zu rücken.

Was sind nun gängige Frames und Assoziationen im Hinblick auf Kommunen, Verwaltung und Politik generell? Die von Max Weber (vgl. oben) ausgearbeiteten Prinzipien einer Bürokratie haben nicht dazu geführt, dass diesem Themenfeld ein besseres Image zukommt. Solange es Kommissionen zum Bürokratieabbau gibt, in denen Verwaltungsstellen geschaffen werden, die andere Verwaltungsstellen und -prinzipien auf ihre Sinnhaftigkeit und Existenzberechtigung hin überprüfen (vgl. Bundeskanzleramt Mai 2017), wird dieser Frame im Kontext des Verwaltungsbegriffs erhalten bleiben, obwohl eine strukturierte und leistungsfähige Verwaltung eine der Grundvoraussetzungen für ein erfolgreiches demokratisches Staatswesen ist.

Ausgehend von den Problemen der Kommunen bei der Akquise von geeignetem Personal, stellt sich zum Abschluss die Frage, mit welchen Argumenten und Maßnahmen gerade im Personalmarkt gegengesteuert werden kann. Ein zentrales Thema in diesem Zusammenhang ist immer wieder die Unmittelbarkeit der Wirkung. Mitarbeitende in Kommunalverwaltungen gestalten den Lebensbereich in ihrem eigenen unmittelbaren Lebensumfeld und damit ist der Begriff der „Nähe“ im positiven Sinne relevant. In diesen Kontext gehört auch eine persönliche Planbarkeit, denn wer bei einer Kommune arbeitet, muss nicht damit rechnen nach ein paar Jahren an einen „anderen Standort“ versetzt zu werden, was für die Mitarbeitenden und deren Familien in der Regel den Verlust von erheblichen Teilen des sozialen Umfelds bedeuteten würde. Attraktive Rahmenbedingungen wie z. B. optimierte Berufsausbildung, Fortbildung, Familienfreundlichkeit, Entwicklungsperspektiven einer lernenden Verwaltung etc. (vgl. Burkhart 2014) sollen das ergänzen. Diese Anforderungen gelten nicht nur für die Kernverwaltung, d. h. die Stadtverwaltung im engeren Sinne, sondern auch für alle mit der Kommunalverwaltung verbundenen kommunalen Einrichtungen, da auch die Kindergärten,

Bauhöfe, Bäder, Bibliotheken und Schulen als kommunale Aktionsbereiche wahrgenommen werden (vgl. auch Breyer-Mayländer September 2017).

Hurrle und Fischer verweisen auf die „Public Service Motivation“, die gerade auch bei jungen Erwachsenen als spezifische Motivation zur Mitarbeit im Dienste der Gemeinschaft gedeutet werden kann (Hurrle/Fischer 2016, S. 318 f.). Dies trifft insbesondere die Motivations- und Bedürfnisstruktur der Generation Y (grob zwischen Jahrgang 1977 und 1999), die vor einigen Jahren als junge Generation von Mitarbeitenden und Führungskräften auf dem Arbeitsmarkt in Erscheinung trat. Das „Y“ leitet sich dabei von einem „Why“ ab, der Frage nach dem „Warum“, was im Sinne des persönlichen Nutzens (Was trägt mein Vorgesetzter zu meinem Arbeitserfolg bei?), aber auch im Hinblick auf eine Grundorientierung am Sinn von Tätigkeiten, Aufgaben und Berufen verstanden werden kann (vgl. Breyer-Mayländer 2017, S. 186 ff.).

Hier ist es das Ziel, aus Sicht der Kommunalverwaltung die Frames selbst zu prägen. Dabei kommt es natürlich auf eine allgemeinverständliche und zielführende Wortwahl an. Abstrakte Begriffe wie „Daseinsvorsorge“ (vgl. Neidlein 2018) dürften hier jedoch eher schwierig sein. Der Begriff „Daseinsvorsorge“ als Behördenabstraktum ist nur begrenzt dazu geeignet, den Menschen emotional zu verdeutlichen, dass sie eine Infrastruktur im Alltag, aber auch besondere Technologien und Dienstleistungen für Notfälle zur Verfügung haben, um die sie international beneidet werden.

1.4 Bürgerschaftliches Engagement – Strukturen oder Strohfeuer?

Wenn es um die zivilgesellschaftliche Stadtentwicklung geht, dann gewinnt der Blick auf das bürgerschaftliche Engagement an Bedeutung (vgl. Gualini 2011). Die breiteste Definition geht vom einfachen Zusammenhang zwischen den Begriffen bürgerschaftlich und Engagement aus. „Mit dieser breiten Definition soll jegliches Engagement (politisches, soziales oder geselliges) umfasst werden, jedwede Organisationsform und Zielsetzung. Die Kriterien hierfür sind, dass es sich um eine freiwillige selbstorganisierte und auf das Gemeinwohl bezogene Tätigkeit handelt, die nicht auf Einkommenserzielung, durchaus aber am individuellen Nutzen ausgerichtet ist“ (Mutz 2011, S. 41).

Es geht dabei auch um das freiwillige Engagement, das durchaus in unterschiedlichen Organisationsformen wie Verein/Verband, individuell oder im kirchlichen bzw. staatlichen Umfeld (vgl. Redmann 2018, S. 10) stattfinden kann. In diesem Sinne ist auch das Ehrenamt in Gemeinde- und Stadträten zu sehen, die ja einen klaren organisatorischen Rechtsrahmen vorfinden.

Von bürgerschaftlichem Engagement und dem kommunalen Ehrenamt ist die Bürgerbeteiligung trotz vieler enger Bezugspunkte abzugrenzen. Freiwillige leisten ehrenamtliche Arbeit; wenn sie aber an den Strukturen Veränderungen vornehmen und sich in den politischen Entscheidungsprozess einbringen (wollen), findet der Übergang vom Engagement zur Beteiligung statt (vgl. Erler 2013, S. 265).

Letztlich gibt es gerade im kommunalen Umfeld immer wieder beeindruckende Leistungen, die nur mithilfe von bürgerschaftlichem Engagement und Ehrenamt möglich sind. Wenn in Baden-Württemberg die grüngeführte Landesregierung entsprechend der basisdemokratischen Ursprünge ihrer Partei das bürgerschaftliche Engagement stärken will und dafür eigens eine eigene Staatsrätin beruft, denkt sie an „die Gruppen, die in den letzten Jahren Konfliktthemen aufgegriffen und vertreten haben, wie etwa Naturschutzverbände und Bürgerinitiativen" (Erler 2013, S. 262).

Es gibt aber keine normative Festlegung, was denn nun „berechtigte Themen" oder „gute Anliegen" der Bürgerschaft sind. Dieselben Mechanismen, mit denen Bürgerinnen und Bürger sich für mehr Umweltschutz vor Ort einsetzen, kommen mitunter auch bei Themen zum Einsatz, die aus anderen politischen Lagern entstammen. Wenn man die Proteste gegen den Bau von Unterkünften für Geflüchtete unter die Lupe nimmt, kann man hier die eine oder andere Parallelität im Vorgehen und Argumentationsmuster entdecken, auch wenn es sich um eine völlig andere Akteursgruppe und grundsätzlich unterschiedliche politische Zielsetzungen handelt.

Die Organisationsform der Bürgerinitiative (BI) als Rahmen für politisch geprägtes bürgerschaftliches Engagement ist zu einem gängigen Instrumentarium auf kommunalpolitischer Ebene geworden. Wenn die Vertreter einer BI zudem noch beanspruchen, die Interessen einer politischen Einheit (Ort, Kreis, Region) zu vertreten, kommt eine derartige Initiative in einen Konflikt mit dem demokratischen Prinzip der Beauftragung und Transparenz. Es ist ein Grundpfeiler der repräsentativen Demokratie, dass wir im Regelfall auf gewählte Vertreter von Gremien (Ortschaftsräte, Gemeinderäte, Stadträte, Kreisräte, Regionalräte etc.) zurückgreifen. Wenn wir von Wahlen sprechen, dann nutzen wir aber bereits das Repräsentativsystem. Nachdem bereits in der Tradition von Locke und Montesquieu sich eine Aufteilung in Exekutive (Regierungs- und Verwaltungs-handeln), Legislative (Gesetzgebung) und Judikative (Rechtsprechung) durchgesetzt hat (vgl. Holtmann 2004), geht es bei der Analyse der repräsentativen Demokratie, wie wir sie in Deutschland verankert haben, um die Frage, wie wir erreichen, dass im Rahmen der Wahlen Menschen gefunden werden, die ihrem Auftrag gerecht werden. Mitglieder von Gremien und Parlamenten sind nicht dazu da, lediglich ihre eigenen persönlichen Interessen zu verfolgen, sondern stattdessen stellvertretend für alle Wählerinnen und Wähler und im Hinblick auf das Gemeinwohl die Entscheidungen vorzubereiten und zu treffen. Dennoch sind sie nach Artikel 38 GG letztlich nur ihrem eigenen Gewissen verantwortlich (vgl. Bollmann 2015).

Hier kommt dann der erste Widerspruch zur einen oder anderen Erwartungshaltung (vgl. Breyer-Mayländer 2017a, S. 109 ff.). Wenn sich zum Beispiel jemand mit seinen Nachbarn einig ist, dass er eine bestimmte Veränderung in der Nachbarschaft seines Baugebiets nicht wünscht, bedeutet das noch nicht automatisch, dass damit die Stadträte als gewählte Vertreter diesem Interesse Rechnung tragen müssen. Aus der Gesamtsicht kann es sinnvoll sein, dass trotz dieser Einschätzung einer kleinen Gruppe im Interesse des Ganzen eine andere Entscheidung getroffen wird. Politik wird damit inhaltlich zur Frage, wie sich im Interesse des Ganzen Mehrheiten für bestimmte inhaltliche Positionen organisieren und gewinnen lassen. Diese Positionen prallen in der Kommunalpolitik direkt und im persönlichen Kontakt aufeinander. Auch das kann Menschen davon abhalten, sich selbst in der Kommunalpolitik zu engagieren, da ein solches Engagement auch Konflikte im unmittelbaren Lebensumfeld nach sich ziehen kann.

In der politischen Praxis hat sich ab einer gewissen Komplexität in unserem Repräsentativsystem eine weitere Systematisierung etabliert. Kandidat/inn/en treten dann oft für Parteien an und werden anhand ihrer Parteizugehörigkeit grob in ein politisches Raster einsortiert, damit Wähler/innen eine Ahnung haben, wie derjenige nach der Wahl bei politisch zentralen Fragestellungen entscheiden wird. Bei Kommunalwahlen in kleinen Ortschaften wird dieses Prinzip oftmals bewusst nicht angewandt, da beispielsweise die Frage der Beschaffenheit eines Fahrbahnbelags keine parteipolitische Grundsatzfrage sein muss. Ohnehin ist in kleineren Kommunen generell die Partei- und Fraktionszugehörigkeit weniger prägend für die alltägliche politische Arbeit (vgl. Wehling, H.-G. 2009, S. 22). Dass dieses Bekenntnis zu Parteien als wichtige Akteure im Rahmen eines Repräsentativsystems nicht ganz einfach ist, zeigen die Mechanismen von Bürgermeister- oder Oberbürgermeisterwahlen. Hier gilt es als Erfolgsfaktor entweder direkt als unabhängiger Kandidat anzutreten oder gegenüber der eigenen Partei auf Distanz zu gehen (vgl. Löffler 2016, S. 38). Das ist auf der einen Seite nachvollziehbar, da es darum geht, sich als Kandidat/in für alle Bürger zu präsentieren, es zeigt aber auch das Problem, dass man sich im Ergebnis nicht mehr uneingeschränkt zu Parteien als Teil des Systems bekennt.

Die Medien, und im lokalen Geschehen sind das vor allem die lokale Tagespresse und die wöchentlich erscheinenden Anzeigenblätter, haben in diesem System in vielen Fällen auch eine weitere Mittlerfunktion zwischen Repräsentierten und Repräsentanten und umgekehrt. Die Fundamentalkritik „Das ist doch keine Demokratie hier!“ ist in der typischen Ausprägung auch eine Kritik am

Repräsentativsystem. Im Kern geht es in der Kommunalpolitik um die Frage, ob Gemeinderäte in ihrer Zusammensetzung und der täglichen Arbeit den politischen Willen der Wahlberechtigten in der jeweiligen Gemeinde repräsentieren. Diagnostiziert wird in unterschiedlichem Ausmaß eine *„strukturelle Distanz zwischen Repräsentierten und Repräsentanten"* (vgl. Diehl 2016, S. 328). Wie stark dieses Problem wahrgenommen wird, zeigt sich dabei an drei typischen Krisensymptomen, die in der Regel in unterschiedlichen Gewichtungen kombiniert auftreten: Einem erstarkten Populismus (vgl. Kister 2016), einer Verlagerung der politischen Beteiligung auf nicht-institutionelle Gruppierungen (z. B. Bürgerinitiativen oder Lobbygruppen etc.) und als Drittes in einer identitären Verschließung des Volkes (z. B. Ablehnung der Einflüsse von außen, wie sie im Rechtspopulismus auftreten) (vgl. Diehl 2016, S. 329 f.).

2 Das Umfeld: Vom Individualisten bis zum Wutbürger

Die Haltung der Bürger als Zielgruppe von Kommunalpolitik und Kommunalverwaltung prägt auch die Arbeitsbedingungen derjenigen, die sich in einem kommunalen Aufgabenfeld engagieren. Hier geht es auch um veränderte Rahmenbedingungen durch neue gesellschaftliche Entwicklungen.

2.1 Die Multioptionsgesellschaft als Gegenmodell zur Parteibindung

Die Bündelung von gemeinsamen Grundinteressen ist ein wichtiges Element der repräsentativen Demokratie. Dadurch kommt den Parteien als Säule der politischen Willensbildung eine maßgebliche Aufgabe zu. Die öffentliche Wahrnehmung prägen jedoch Vorwürfe der Interessensverflechtung sowie Begriffe wie „Filz" (vgl. beispielhaft Zimmermann 2018) und diese Vorwürfe treffen inzwischen nahezu alle Parteien und Gruppierungen. Dabei sind die Parteien, die in der Lage sind, das Repräsentativsystem mit Leben zu füllen, ein Stabilitätsfaktor ersten Ranges (Breyer-Mayländer 2017a, S. 248). Für Bürger/innen ist es ein Problem, dass einige zentrale demokratische Prozess, wie etwa die Nominierung der Kandidaten für Wahlen wenig transparent sind (vgl. Bartsch/Clauß/Deggerich 2017). Daher kann es bei Kommunalwahlen bereits hier ein einfacher Ansatz sein, partei- und fraktionsübergreifend einen transparenten und öffentlichen Prozess der Kandidatensuche einzuleiten (vgl. Masson 2018).

Die Kritik an Parteien ist jedoch eine feste Größe, mit der man konstruktiv umgehen muss. Kritiker der Parteienlandschaft wie der Parteienforscher Hans Herbert von Arnim entwickelten die These, dass die Parteien sich den Staat zur Beute gemacht hätten (Arnim 1993). Selbst im kommunalen Kontext kann es

T. Breyer-Mayländer, *Marketing für Kommunalverwaltung und Kommunalpolitik*, essentials, https://doi.org/10.1007/978-3-658-24560-3_2

durch hauptamtliche Positionen unterhalb der Ebene des Bürgermeisters oder Oberbürgermeisters zu einer Entwicklung zum Berufspolitiker kommen, die eine Abgeschlossenheit politischer Eliten im Sinne einer „Feudalisierung des politischen Systems" (Scheuch/Scheuch 1992, S. 116 ff.) zur Folge hat.

Generell haben wir gesellschaftlich das Spannungsverhältnis zwischen teilweise sehr ausdifferenzierten Parteistrukturen und einem eher gegenläufigen gesellschaftlichen Trend. Der Weg in eine individualistische Multioptionsgesellschaft kann als ein Ausgangspunkt dieser Entwicklung angesehen werden. Unter dem vom schweizerischen Soziologen Peter Gross (vgl. 1994) definierten Begriff versteht man eine Gesellschaft, in der das Bestreben der Menschen, sich im Zweifel nicht festzulegen, sondern möglichst viele Entscheidungsvarianten offen zu halten, eine große Bedeutung besitzt. Der Einzelne und seine Auswahl-möglichkeiten werden damit zum Maßstab schlechthin. Das erschwert bei vielen Menschen bereits den Prozess der Informationssuche. Denn die vielen Wahrnehmungsebenen unterschiedlicher Tasks, Online-Anwendungen und Apps führen tendenziell zu einer geistigen Überforderung (vgl. Katzer 2016, S. 28). Dieser Drang nach subjektiver Unabhängigkeit und die Tendenz zur Überlastung bei der inhaltlichen Festlegung führen zu einer Situation, die nicht wirklich zur parteipolitischen Bindung passt.

2.2 Vom Obrigkeitsstaat zum Wutbürger

Die Entwicklung einer Kultur des Bürgertums, das um seine demokratischen Rechte weiß und diese auch gezielt bündelt und einsetzt, ist kein linearer Prozess. Allein der Blick in die jüngere deutsche Geschichte ab 1848 zeigt, dass viele Ideale des Vormärz immer wieder Verwerfungen unterlagen. Es hat sich im Bewusstsein der deutschen Wähler/innen zunächst eine obrigkeitsstaatliche Haltung durchgesetzt. Dabei geht es um eine stark hierarchisierte Beziehung zwischen Bürger und staatlichen Einrichtungen, wie etwa der Verwaltung als eine Institution, bei der der Staat für Bürger/innen konkret erlebbar wird. In der deutschen Kultur hat sich hier die im Sinne Max Webers keinesfalls negativ zu wertende Tradition einer funktionsfähigen Bürokratie mit weiteren Elementen verbunden. So hat die Erziehung unter starker Bezugnahme auf Sekundärtugenden wie Ordnung, Sauberkeit, Pünktlichkeit etc., die bereits während dem Kaiserreich Hochkonjunktur hatte, diesen Hang zum Obrigkeitsstaat verstärkt. In Verbindung mit der ohnehin starken Hierarchisierung in der Logik kommunaler Ämter, die beispielsweise auch für den Leistungsbezug verantwortlich sind (vgl. Stahmer 2000, S. 59), wird es schwierig, ein staatsbürgerliches Bewusstsein zu entwickeln, bei dem Bürger und Verwaltung auf Augenhöhe liegen, da es sich dabei um einen kulturellen Prozess handelt, der stark von den zugrundeliegenden Menschenbildern geprägt ist (vgl. Ebert/Fisiak 2018, S. VIII). In der Praxis zeigt sich diese Problematik zunächst im Nachkriegsdeutschland unter anderem in für demokratische Gesellschaften ungewöhnlich hohen Wahlbeteiligungen in der Bundesrepublik Deutschland (die Logik „Wahlrecht ist auch Wahlpflicht").

Das später immer wieder eifrig bemühte Grundmodell des „mündigen Bürgers" schaffte es dann sogar bis in Gesellschaftsbereiche, die traditionell und aufgrund der notwendigen Handlungsfähigkeit stark hierarchisch geprägt sind oder sogar sein müssen (vgl. Breyer-Mayländer 2015, S. 159 ff.), wie etwa das Militär. Die Bundeswehr lobte an dieser Stelle das Modell des „Staatsbürgers in Uniform" aus (vgl. Schlie 2015, S. 195). Dabei versteht man nach der Lesart der Bundeszentrale für politische Bildung (BpB) unter dem mündigen Bürger zunächst Folgendes:

> „Mündigkeit" hat noch eine weitergehende Bedeutung. Gemeint ist damit auch Selbstbestimmung und Urteilsfähigkeit. Man spricht oftmals von „mündigen Bürgern" und meint damit, dass die Bürger und Bürgerinnen nicht nur für sich selbst Verantwortung übernehmen, sondern auch für ihren Staat und ihre Gesellschaft. In einer Demokratie wie in Deutschland ist das besonders wichtig. Die Demokratie braucht mündige Bürger und Bürgerinnen, die sich interessieren und engagieren, die bereit sind, politisch im Staat mitzuwirken (Quelle: Schneider/Toyka-Seid 2018).

Diese Emanzipation gegenüber dem Obrigkeitsstaat und das neue, autonome Selbstverständnis der Deutschen als Bürger zeigt sich im Phänomen des Wutbürgers (vgl. Melzer/Wodzak 2011), das zunächst ohne eine bestimmte politische Richtung auftrat, aber immer mehr den Hintergrund für Proteste gegen „die da oben" bildet. Die Jahre seit 2010 sind in der deutschen Öffentlichkeit immer stärker durch eine neue Form der Protestkultur geprägt worden, die sich von früheren Ansätzen unterscheidet, da der Kreis der Protestierenden nicht mehr auf Einzelgruppen beschränkt ist. Es geht nicht mehr unbedingt um eine andere gesellschaftliche Idee, sondern in zahlreichen Fällen sind die Proteste in erster Linie ein Mittel zur Wahrung der individuellen Eigeninteressen.

Gerade in der Kommunalpolitik zeigt sich in den vergangenen Jahren mehr und mehr die Tendenz, dass bei Baugebieten, teilweise sogar bei einzelnen Bebauungen längst genehmigter Bauplätze und erst recht bei größeren Projekten Anwohner, Nachbarn, Betroffene und scheinbar Betroffene für sich in Anspruch nehmen zu entscheiden. Da wir hierfür jedoch klare rechtliche Vorgaben haben (Flächennutzungspläne, Bebauungspläne oder andere rechtliche Rahmenbedingungen), sind das im Regelfall keine Projekte, bei denen jeder, der sich dazu berufen fühlt, mitentscheiden kann. Nachdem dann auf der im demokratischen Rechtsstaat vorgesehenen Ebene die Entscheidungen gefallen sind, bleibt den

„Wutbürgern“ meist vorwiegend der öffentlichkeitswirksame Protest, das Füllen der Kommentarspalten der jeweiligen Online-Plattformen, die Beschreitung des Rechtswegs, das Anrufen der Petitionsausschüsse, die Gründung von Bürgerinitiativen und das Anstoßen von Bürgerbegehren (vgl. Fischer 2017).

Die Kunst besteht vor diesem Szenario also darin, Bürger zu beteiligen und dennoch regierungsfähig zu sein. Baden-Württemberg hat nach Stuttgart 21 versucht aus diesem Phänomen zu lernen und über Bürgerbeteiligungsformen und u. a. ein Bürgerbeteiligungsportal (vgl. Melzer 2013) wieder Boden gut zu machen. Winfried Kretschmann, der erste und bisher einzige Ministerpräsident der Grünen, stellte sich dem Dilemma und entwickelte eine einprägsame Formel. Er startete in sein Amt und erläuterte den Unterschied zu seinem Vorgänger darin, dass ihm *„eine Politik des Gehörtwerdens“* (Kretschmann 2015) wichtig sei. Als dann die ersten grün-roten Projekte auf Widerstand einer eher konservativen Protestklientel stießen, beispielsweise Waldbauern und Konservative in einem Nationalpark Schwarzwald den Untergang einer Region befürchteten, war es Zeit für eine Ergänzung des Grundsatzes. Kretschmann erläuterte:

> Ich musste irgendwann sagen: Die Politik des Gehörtwerdens heißt nicht, dass man erhört wird (Kretschmann 2011).

Er machte damit deutlich, dass man sich zwar mit den Argumenten der Gegner von Regierungsprojekten befasse, sich aber nicht immer deren Argumente zu eigen machen könne. Auch das ist eine Facette des gesellschaftlichen Wandels, in dem sich geändertes Bewusstsein und neue Kommunikations-möglichkeiten ergänzen (vgl. auch Brettschneider 2012). Das Phänomen der Wutbürger ist nicht auf bestimmte Themen oder politische Richtungen festgelegt. Auch wenn es sich dabei eigentlich um eine kollektive Protestform handelt, hat die Motivation zum Protest meist sehr individuelle Züge, nämlich die Wahrung persönlicher Interessen.

Populismus gegen das Establishment

Ausgehend vom Emanzipationsprozess der Bürgerinnen und Bürger von der Hierarchisierung des Obrigkeitsstaats, hat sich in Verbindung mit einer stärker an Eigeninteressen orientierten Sichtweise auf die Funktionsfähigkeit der demokratischen Prozesse gerade auch in der kommunalpolitischen Auseinandersetzung ein eher populistischer Grundzug durchgesetzt. Was aber versteht man gerade im Hinblick auf kommunale Verwaltung und Politik unter Populismus? Wer sich in diesem Umfeld bewegt, kann sehr schnell feststellen, dass auf allen politischen Ebenen gerne derjenige als Populist bezeichnet wird, der andere politische Positionen vertritt. Dabei gibt es klare Kriterien zur Kennzeichnung populistischer Aktivitäten.

Der Demokratietheoretiker Jan-Werner Müller von der Princeton-Universität gibt unter anderem folgenden Aspekt als Teil seiner Populismus-Charakterisierung an:

> Populisten behaupten, nur sie seien die Vertreter des ´wahren´ Volkes oder der ´schweigenden Mehrheit´. Damit werden alle Mitbewerber um die Macht als illegitim abgestempelt. Da geht es nie nur um Sachargumente, die anderen Politiker werden als korrupt oder sonst mit Charakterfehlern behaftet verteufelt (Müller 2017).

Als zweites Element kommt noch eine „Anti-Establishment"-Attitüde hinzu (vgl. Müller 2016, S. 26 ff.), die jedoch als alleiniges Kriterium nicht ausreicht, sondern sich mit dem moralischen Alleinvertretungsanspruch der Bevölkerungsinteressen verbindet. Dies zeigt sich auch in der Kommunalpolitik. Die Vorstellung, dass die eigene Meinung, die darüber hinaus noch von einigen Freunden, Nachbarn und Bekannten geteilt wird, nicht die maßgebliche Haltung für eine Entscheidung sein soll, stößt immer wieder auf großes Unverständnis. „Das ist doch keine Demokratie hier", ist dann eine der gängigen Schlussfolgerungen.

2.3 Das Missverständnis der Eigeninteressen in der repräsentativen Demokratie

Hier wird dann dem Establishment in Form von Gemeinderat und Verwaltung vorgeworfen, undemokratisch zu handeln. Nach dem Muster: Wenn bei den Betroffenen eine „ausreichend große" Gruppe unzufrieden ist, dann kann ein solches Projekt in einer Demokratie doch nicht umgesetzt werden. Dabei wird ausgeblendet, dass die Aufgabenstellung einer Stadt, eines Kreises, eines Bundeslands oder des Bundes etwas komplexer ist. Dafür werden in den Kommunalwahlen Vertreter/innen aus der Bürgerschaft gewählt, die sich um diese Themen kümmern sollen, bzw. auch kümmern müssen. Die dabei zu berücksichtigenden Belange sind sowohl gesetzliche Vorgaben als auch die Interessen der gesamten Bürgerschaft. Entsprechend des Subsidiaritätsprinzips soll die Verantwortung immer auf der direktesten, kleinstmöglichen Einheit liegen, die diese Aufgabe übernehmen kann. Wer jetzt darin den Hinweis sieht, dass dies doch in diesen Fällen die Nachbarschaft, die Anwohner oder eine andere Gruppe Betroffener sein müsste, täuscht sich. Es geht um die direkt handlungsfähige, demokratisch legitimierte Einheit – und Betroffenheit schafft noch keine Legitimation.

Ein weiterer Vorwurf bei Projekten, die umgesetzt werden und nicht den Wünschen einzelner entsprechen, lautet: „Warum wird das nicht früher bekannt gemacht?" In der Tat ist es eine der großen Herausforderungen festzulegen, welche

Themen offen als öffentliche Sitzung diskutiert und beschlossen werden und wo eine nicht-öffentliche Sitzung angemessen ist. Es ist dann auch in der Praxis nicht einfach zu entscheiden, wann aus einem nicht-öffentlichen Thema ein öffentliches werden soll, um die Bürgerschaft einzubeziehen. Gegen eine generelle öffentliche Diskussion aller Themen sprechen nicht nur der Datenschutz, sofern personenbezogene Dinge (z. B. Eigentumsverhältnisse) eine Rolle spielen oder Auswirkungen auf Märkte und Preise (wenn beispielsweise klar ist, welche Fläche man für ein kommunales Bauvorhaben kaufen muss). Gegen eine zu frühe Transparenz spricht auch der Umstand, dass Diskussionen nicht mehr offen und frei geführt werden können und damit die zu Beginn anscheinend eher ungewöhnlichen Entscheidungsvarianten kaum eine Chance auf ernsthafte Prüfung haben.

2.4 Heimat als abstrakter Sehnsuchtsort

Wenn man Kommunalpolitik als die politische Ebene interpretiert, in der die eigene unmittelbare Lebensumgebung definiert und ausgestaltet wird, dann liegt der Schluss nahe, dass es sich dabei eigentlich um ein Thema handeln müsste, das in den vergangenen Jahren einen wahren Boom erleben konnte. Denn die bodenständige Verwurzelung, die Definition einer Heimat, hat in vielen gesellschaftlichen Bereichen in den vergangenen Jahrzehnten deutlich an Bedeutung gewonnen. So hat beispielsweise im Bereich der Kunst der Schwarzwälder Künstler Stefan Strumbel die Chance genutzt, aus einem abstrakten Sehnsuchtsbegriff wie „Heimat" eine konkrete Klammer für eine eigene Schaffensperiode abzuleiten. „What the fuck is heimat?" und „Heimat loves you" waren zentrale Motive seiner Arbeit (vgl. Lang/Möller/Schaghaghi 2017).

Nun kann man aus einzelnen künstlerischen Strömungen nicht unbedingt einen gesellschaftlichen Trend ableiten, aber was die Hinwendung an klassische Heimatbegriffe und damit auch die dahinter verborgene Sehnsucht nach Vertrautheit und Stabilität angeht, gibt es weitere Indizien für einen gesellschaftlichen Trend. Auch im Bereich der Medien können wir derartige Sehnsuchtstendenzen nach einer Art Heimat und heilen Welt im direkten Lebensumfeld feststellen. „Zahlreiche Zeitschriften zeigen in Hochglanz die Vorzüge des Landlebens. Selten fehlen Kaminfeuer, glückliche Kinder malen und basteln mit ebenso glücklichen und vollkommen ungestressten Eltern in Haus und Garten, die Welt ist heil und offeriert Geborgenheit, Zeit zum Ausruhen und Entspannen" (Debiel/Wagner 2011).

Gerade in einer globalisierten Welt mit einer hohen Veränderungsdynamik aufgrund der Digitalisierung und der Veränderung in vielen Lebens- und

Gesellschaftsbereichen steigt die Sehnsucht nach Stabilität. Die Benennung diverser Heimatminister auf Bundes- und Landesebene spiegelt diesen Trend wider. All diese Entwicklungen müssten eigentlich dazu führen, dass das Interesse an der (Mit-)Gestaltung des eigenen unmittelbaren Lebensbereichs steigt und somit auch im Umfeld der Kommunalpolitik und -verwaltung das Interesse an der Übernahme von verantwortlichen Funktionen wieder zunimmt.

2.5 Information und Kommunikation – womit beschäftigt sich eine kommunale Öffentlichkeit auf den Kommentarspalten sozialer Medien?

Wenn man nach Lösungen für die Legitimations- und Kommunikationskrise der Kommunalpolitik sucht, muss man sich zunächst damit beschäftigen, wie denn gegenwärtig die unterschiedlichen Kommunikationskanäle genutzt werden und wie sie sich auf die Verankerung von Kommunalverwaltung und Kommunalpolitik auswirken. Gegenwärtig werden Online-Varianten der Bürgerbeteiligung eher in der Theorie geschätzt, aber in der Praxis nur begrenzt genutzt (vgl. Wallner 2018, S. 74). Grundsätzlich lässt sich dabei feststellen, dass digitale Medien und insbesondere Social Media-Plattformen zu einer Verengung des Blickwinkels führen können, was die Informationsbreite angeht. Der Fall Stuttgart 21 als typisches regional- und kommunalpolitisches Element zeigt, dass die eigenen Medienaktivitäten von Bürgern als Akteur ein Zeichen des neuen Selbstbewusstseins der „mündigen Bürger" sein kann (vgl. Thimm/Bürger 2015, S. 286).

In vielen Fällen entstehen Wechselwirkungen, die über eine Filterblase eine echte Informiertheit des Publikums erschweren (vgl. Breyer-Mayländer 2018). Diese thematische Verengung des eigenen Blickwinkels durch die Nutzung sozialer Medien wird im Modell des Algorithmic Funnels (vgl. Meckel 2012 in Abb. 2.1) beschrieben, einem Thementrichter, der immer enger und spezifischer wird. Den typischen Vertretern der Generation Y und ihren älteren Nachahmern ist diese Bedrohung, dass das eigene Gesichtsfeld zunehmend verengt wird, meist nicht bewusst. Sie halten die digitalen Medien für Garanten präziser zeitnaher Informationen, die dafür sorgen, dass sie alles erfahren, was wirklich wichtig ist.

Es ist in diesem Fall nicht die Nativität, sondern die Naivität, mit der bei den „Digital Natives" digitale Medien zum Einsatz kommen. Die Selbsteinschätzung, dass Nachrichten und Informationen, wenn sie wichtig sind, irgendwie schon den Adressaten erreichen, setzt ein unbegrenztes Vertrauen in Algorithmen voraus, das noch durch ein Unverständnis des Prinzips des Nachrichtenwerts ergänzt wird. Die in den unterschiedlichen Diensten hinterlegten Präferenzen und Filtermechanismen

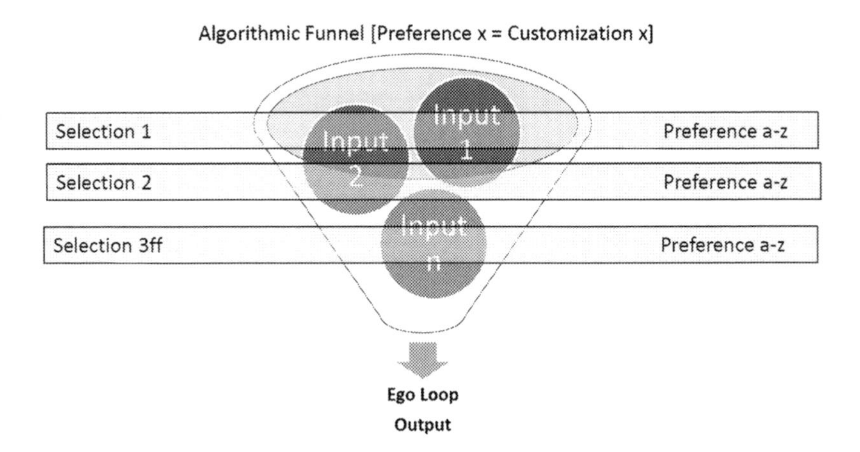

Abb. 2.1 Breyer-Mayländer 2017, S. 174, in Erweiterung von: Meckel 2012, S. 36

führen zu einer Abschottung. Letztlich werden Nutzer dadurch nur noch nach den eigenen Präferenzen, die bei den unterschiedlichen Diensten hinterlegt sind oder ermittelt werden, mit Informationen versorgt (vgl. Abb. 2.2).

Dass damit in vielen Fällen schon das Fundament für ein politisches Abdriften gelegt wird, illustriert sehr anschaulich der Selbstversuch des Spiegeljournalisten Jan Fleischhauer, der sich zu Studienzwecken ein Fakeprofil bei „Facebook“ zulegte und sich mit entsprechenden Meinungsführern aus der AfD „befreundete“ und seine „Likes“ auch auf derartige Nachrichten konzentrierte (Fleischhauer 2016). In der Folgezeit erlebte er im Hinblick auf die ihm aktiv zur Verfügung stehenden Nachrichten die befremdliche Situation, dass sie – verglichen mit den Newsfeeds der Nachrichtenagenturen – eine eigene Welt darstellten.

Da die Informationen der „Freunde“ das eigene „Weltbild“ bestätigen, ist es allein aus dem Wunsch des Menschen „kognitive Dissonanz“ (vgl. Knobloch-Westerwick 2012) zu vermeiden erklärbar, dass die „Freunde“ mit ihrem sehr spezifischen Blickwinkel auf die Welt hier dominieren. Daher werden redaktionelle Massenmedien gerade von Vertretern des rechtspopulistischen Politikspektrums gerne auch als „Mainstream-Medien“ oder „Lügenpresse“ betitelt.

Denn die Theorie der kognitiven Dissonanz beschreibt das Bestreben Wahrnehmungen/Kognitionen, die inhaltlich verbunden sind, in ein widerspruchsfreies Gesamtkonzept zu bringen.

Abb. 2.2 Themenverengung in der Filterblase. (Breyer-Mayländer 2017, S. 173, in Erweiterung von Kreutzer/Land 2015, S. 40)

> Die Theorie der kognitiven Dissonanz ist eine Konsistenztheorie. Darunter wird eine Klasse von Theorien verstanden, die das Streben der Menschen nach Widerspruchsfreiheit erklären. Menschen empfinden Spannungen unterschiedlichster Art als unangenehm, verbunden mit dem Bedürfnis diese Spannung abzubauen. Die Theorie kognitiver Dissonanz ist eine „kognitive Konsistenztheorie“, da es hier um Widersprüche zwischen Kognitionen geht und das Bedürfnis, kognitive Konsistenz herzustellen (Raab/Unger 2010).

Wenn man das Bedürfnis nach Konsistenz noch mit dem Effekt der selektiven Wahrnehmung verbindet, dann bekommt man sehr schnell ein Umfeld, in dem es schwer wird, vonseiten der Politik oder anderer Medien mit diesen Gruppen in einen sinnvollen Austausch zu treten. Ein weiterer Aspekt der sozialen Medien ist das Verstärken einer sozialen Identität durch die Möglichkeit, sich mit Gleichgesinnten zu vernetzen. Hier spielen die (politischen) Vorlieben als soziale Repräsentation eine Rolle, da sie die Grundlage sind, um mithilfe der algorithmischen Umsetzung Netzwerke in ihrer Entwicklung automatisiert zu unterstützen. Dieses Zusammengehörigkeitsgefühl von Gruppen über eine Kernidentität findet auch außerhalb digitaler Netze statt und ist daher ein etablierter Prozess. Häufig erleben wir dies über soziale Codes in Bezug auf Sprachwahl, Kleidung etc. In der digitalen Umsetzung liefern die digitalen Identitäten die Basis für eine Verbreiterung und Vertiefung der Vernetzung. Dadurch wird die Gruppenbildung auch als Teilelement einer demokratischen Gesellschaft verstärkt.

Wolfgang Schweiger hat dies mit einer generellen Analyse der Auswirkungen sozialer Medien auf Basis des kommunikationswissenschaftlichen Methodenspektrums ausführlich analysiert und kommt zur der Schussfolgerung: „Menschen in einer Filterblase wie der von Facebook können (…) kaum zu wahrhaft « mündigen » Bürgern werden" (Schweiger 2017, S. 184).

In Verbindung mit den Auswirkungen von echten autonomen Kommunikationseinheiten wie Chat-Bots (s. o.) und Roboterjournalismus besteht die Gefahr, dass die Zunahme autonomer Mediensysteme die Qualität der Informiertheit nicht verbessert. Der freie Zugang zu Informationen und Fakten mithilfe zunehmend autonomer digitaler Tools garantiert noch nicht den Erfolg. Oder wie der Informationswissenschaftler Rainer Kuhlen bereits bei der Ortsbestimmung der Fachdisziplin feststellte, eine *„informatisierte Gesellschaft"* muss noch lange keine *„informierte Gesellschaft"* sein (Kuhlen 1995, S. 46).

Ein weiterer Punkt ist die Frage, wie Bürger im Zusammenhang mit echten oder falschen Nachrichten ihre Meinung in den öffentlichen Diskurs einbringen. Dabei kommt den sozialen Medien im weitesten Sinne eine sehr große Bedeutung zu. Dazu zählen nicht nur Social Media-Plattformen wie „Facebook", „Twitter" oder „Instagram" und „Snapchat", sondern auch die Online-Kommentarrubriken der redaktionellen Medien. Hier zeigt sich ein oftmals sehr rüpelhafter Umgang im Diskussionsstil gerade in Verbindung mit gefälschten Profilen und Namen.

3 Maßnahmen und Lösungsansätze

Wenn man den Ist-Zustand der Wahrnehmung von Kommunalverwaltung und den dazugehörigen Hintergrund der medialen und gesellschaftlichen Entwicklung analysiert, drängt sich direkt die Frage auf, wie man denn mit der einen oder anderen Problematik im Sinne einer Überwindung von Nachteilen umgehen kann. Daher ist dieses Kapitel den Maßnahmen gewidmet, die nicht nur klassische Marketingmaßnahmen umfassen, wie wir sie aus anderen Themenfeldern kennen, sondern darüber hinaus eine Kultur des Umgangs und Beziehungsmanagements, sowie der Partizipation der Bürgerinnen und Bürger umfasst. Entscheidend für die Wirksamkeit ist dabei die Grundhaltung der Akteure und der Umstand, dass man auch bei problematischen Entwicklungen, wie etwa einem Online-Shitstorm von Aktivisten bei strittigen Fragen oder unsachlichen Off-Topic-Kommentaren, die gestalterischen vorwärtsgewandten Optionen im Blick behält und nicht in den Zustand verfällt, den man in der Seelsorge oder systemischen Beratung die „Problemhypnose" (vgl. Bergknapp 2003, S. 255) nennt. Denn eine vorwiegend oder gar ausschließlich defizitorientierte Sichtweise, die sich auf die problematischen 1–2 % der Bürgerschaft konzentriert, wird keine positive Entwicklungsdynamik innerhalb der Kommune in Gang bringen.

Gerade in Systemen der Verwaltung und Politik – und hier ist die kommunale Ebene mitunter besonders von einzelnen starken Akteuren geprägt und somit in besonderem Maße anfällig – gibt es eine Neigung, bei emotional schwierigen Konfliktsituationen das Problem und nicht die Lösungsoptionen in den Vordergrund zu rücken. Hier gehört es zur Professionalisierung der Berufsfelder, auch in Krisensituationen lösungsorientiert vorzugehen.

T. Breyer-Mayländer, *Marketing für Kommunalverwaltung und Kommunalpolitik*, essentials, https://doi.org/10.1007/978-3-658-24560-3_3

3.1 Akteure und Ziele – die Stakeholderanalyse

Um sicherzugehen, dass die Maßnahmen zur Verbesserung des Stellenwerts von Kommunalverwaltung und Kommunalpolitik auch tatsächlich wirksam sind, lohnt es sich, gegliedert nach den einzelnen Akteuren, deren Ausgangssituation, Befindlichkeiten und Ziele zu untersuchen.

Zunächst kann man natürlich die Frage stellen, ob nicht angesichts übergeordneter Entwicklungen wie gesellschaftlichen Trends die auf einzelne Teilregionen und Kommunen bezogenen Aktivitäten nicht ohnehin zu einer Überforderung der Institutionen und Akteure führen müssen. Denn logischerweise kann eine einzelne Kommune nicht ohne weiteres den Umstand kompensieren, dass es kaum Serienformate gibt, in denen Kommunalpolitik und Verwaltungsarbeit stattfindet und dass die wenigen medialen Inszenierungen dieses Themenfelds in Form von Unterhaltungsformaten eher dazu geeignet sind, Vorurteile zu bestätigen. Beispielhaft ist die Figur des Bürgermeisters Wöller in der ARD-Serie „Um Himmels Willen", die Fritz Wepper zwar sehr sympathisch verkörpert, die jedoch sicher eher die Vorurteile moralisch fragwürdiger und aufgrund persönlicher Interessenskonflikte tief verfilzter kommunalpolitischer Prozesse verstärkt.

Allein bei dem Aspekt der Wahrnehmung der Kommunalverwaltung und des damit eng verbundenen Bereichs der Kommunalpolitik als potenzielles Berufsfeld im Rahmen der Berufsorientierung zeigt sich, dass es eine ganze Reihe externer Stimuli gibt, die gerade durch die medialen Modelle in Verbindung mit gesellschaftlichen Vorprägungen dazu führen, dass die Berufsfelder aktuell vor allem in den Umfeldern nur in geringem Ausmaße zum Zug kommen, da es – gerade in Bundesländern und Regionen mit Vollbeschäftigung – eine ganze Reihe von Berufsalternativen gibt (s. Abb. 3.1).

Wir erkennen die Abhängigkeit der Beliebtheit einzelner Beschäftigungsfelder und Berufsbilder von unterschiedlichen Einflussfaktoren, die im Fall der Kommunalverwaltung (und in ähnlicher Form auch im Anwendungsgebiet der Kommunalpolitik als Berufsfeld) die Präferenz für die damit verbundenen Berufe (Verwaltungsausbildung, Studium Public Management etc.) nicht unbedingt erhöhen. Gerade vor diesem Hintergrund lohnt sich bei der Frage nach dem generellen Image der Themenfelder Kommunalverwaltung und Kommunalpolitik ein Blick auf die beteiligten Bezugsgruppen (vgl. Stakeholder in Abb. 3.2) und deren Ziele und Erwartungen.

Wie bei allen Formen des Stakeholdermanagements ist es für den erfolgreichen Umgang mit Stakeholdern und damit auch für die Positionierung der Stadtverwaltung und somit nachgelagert der Kommunalpolitik notwendig, eine

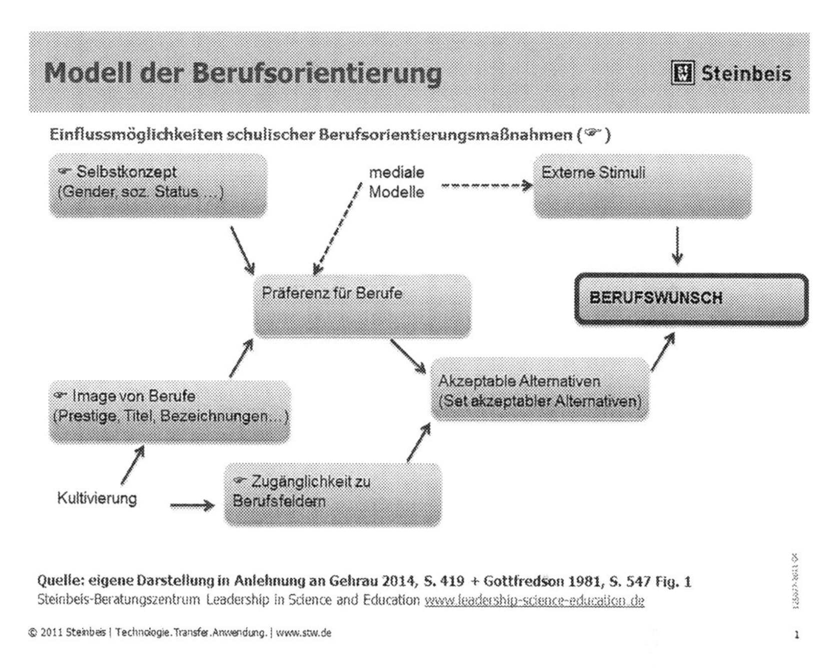

Abb. 3.1 Verwaltungsberufe als Teil der Berufsorientierung im Wechselfeld der Einflussgruppen. (Steinbeis-Beratungszentrum Leadership in Science and Education: Workshop: Personalmarketing-Tools für die Akquise vor Ort, Städtetag Baden-Württemberg, Stuttgart, 20. Juli 2015, Chart 7)

Gewichtung bei den Stakeholdern vorzunehmen. Grundsätzlich haben Bürgerbelange eine sehr hohe Priorität, was bei Bürgerbeteiligungsprozessen (s. u.) oder aber auch im Alltagsgeschäft mit Bürgersprechstunden der politisch Verantwortlichen genauso umgesetzt werden muss wie in einer bürgernahen Verwaltung, die statt dem Ressort- und Amtsprinzip dem Bürger durch Bürgerbüros und Projekte einer digitalen Kommunalverwaltung begegnen kann. Das Prinzip des „One-Stop-Shoppings", bei dem ich als Bürger/in mit einer Anlaufstelle alles bekomme, lässt sich sowohl bei digitalen Kanälen und Call-Centern als auch bei der persönlichen Beratung im Bürgerbüro umsetzen. Voraussetzung ist jedoch eine Strukturierung der internen Abläufe und eine Vorbereitung der Mitarbeitenden mit Kundenkontakt zu den Bürger/innen, da diese bei dem Prinzip „One-Face-to-the-customer" eine entscheidende Rolle einnehmen.

Wie bei einem Wirtschaftsunternehmen, das nach der Definition von Peter Drucker auch nur deshalb eine Existenzberechtigung hat, weil es Kunden für

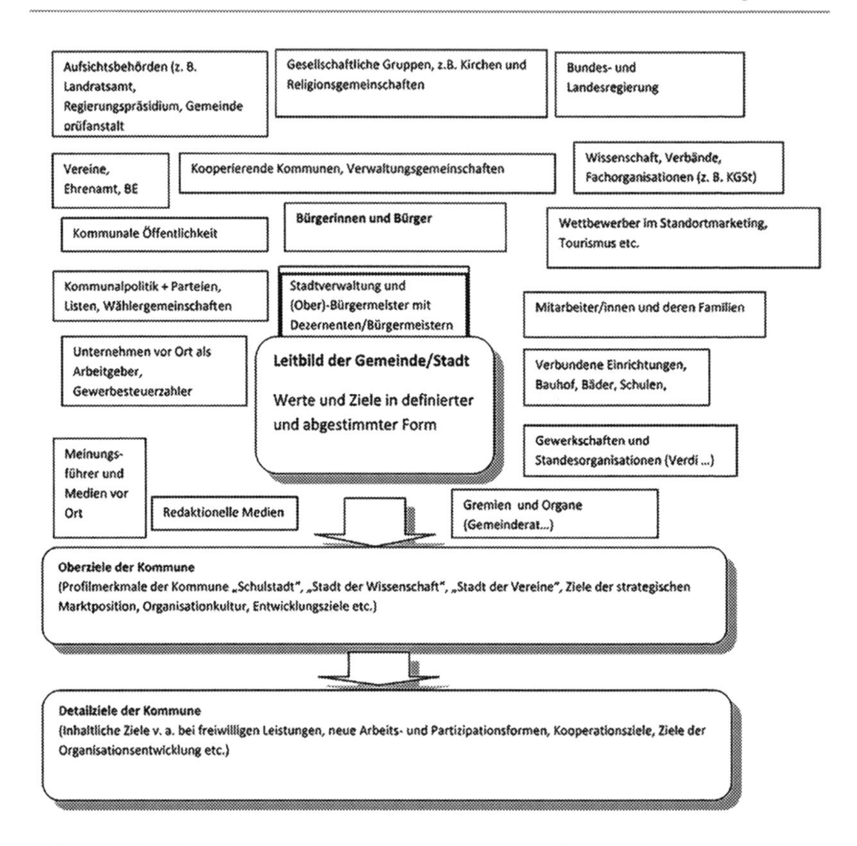

Abb. 3.2 Beispielhafte Auswahl an Stakeholdern einer Kommunalverwaltung. (Eigene Darstellung, abgeleitet von u. a. am Beispiel Schule: Breyer-Mayländer 2012, S. 204 oder genereller: Breyer-Mayländer 2009, S. 38)

die Leistungen des Unternehmens gibt, sind die übrigen Stakeholder einer Kommunalverwaltung gegenüber den Bürgerinnen und Bürgern von nachgeordneter Bedeutung. Ihre Ziele und Erwartungen sind immer im Verhältnis zur Hauptachse Verwaltung-Bürgerschaft zu sehen und können dann auch entsprechend eingeordnet werden. Dabei zeigt sich bei genauerer Betrachtung, dass im Rahmen des Verwaltungshandelns die Bürger/innen nicht nur in einer Kundenrolle, sondern in weiteren Beziehungen gegenüber der Verwaltung auftreten.

Mintzberg hat eine Differenzierung der Begriffe vorgenommen und schlägt die Verwendung von vier verschiedenen Begriffen für die unterschiedlichen Beziehungen vor: Kunde, Klient, Bürger, Staatsbürger (vgl. Abb. 3.3). Beim Begriff des „Kunden" schwingt das Interesse möglichst viele Leistungen an den Mann zu bringen mit, was beim städtischen Schwimmbad noch zutrifft, aber bei der kommunalen Arbeitsförderung und anderen Bereichen der Leistungsverwaltung nicht zutreffend ist. Beim Begriff des „Klienten" steht die Erbringung einer ganz individuellen Dienstleistung für eine Person im Vordergrund, wie wir das u. a. aus dem Bereich der sogenannten freien Berufe, beispielsweise bei Rechtsanwälten, kennen. Die dritte Beziehung besteht in der Bereitstellung öffentlicher Leistungen (Straße, Schulen etc.) was nach Mintzberg die eigentliche Rolle des „Bürgers" darstellt. Eng verwandt mit dieser Rolle, in der die Kommunalverwaltung im Sinne der Gemeinschaft aller Bürger/innen Leistungen vorhält, ist die Rolle des „Staatsbürgers", in der nicht die Kommunalverwaltung, sondern die Bürger in der Pflicht sind (Einhaltung von Verordnungen, z. B. Plakatierrichtlinien und die Erbringung von Leistungen der Bürger, wie etwa das Bezahlen der Hunde- oder Gewerbesteuer).

Abb. 3.3 Abgrenzung Bürger – Kunde. (Eigene Darstellung, nach: Hilgenstock/Jirmann 2001, S. 16)

3.2 Marketingmix für Kommunalpolitik und Kommunalverwaltung

Damit eine Kommune ihr kommunalpolitisches Geschehen und die Arbeit ihrer Kommunalverwaltung effektiv weiterentwickeln kann und somit in der Lage ist, eine Basis für die öffentliche Kommunikation und Beteiligung zu legen, benötigt die Kommune ein klares Zielsystem. Die Ziele sind – je nach Zeithorizont – unterschiedlich klar definier- und formulierbar (vgl. Abb. 3.4). Sie bilden jedoch nicht nur den Rahmen für die Entwicklung der Kommune, sondern vor allem auch für die interne und externe Kommunikation. Menschen möchten gerne wissen wohin die Reise geht, unabhängig davon, wie groß auch ggf. der Veränderungsdruck ist.

In der Marketingliteratur haben sich in der Ableitung der klassischen Gliederung von Meffert (Product, Price, Place, Promotion) eine Reihe sehr differenzierter Tools zur Analyse und Entwicklung etabliert. Dennoch hat sich in vielen Kontexten die ursprüngliche kompakte Analyseform bewährt (vgl. Breyer-Mayländer 2011, S. 8), die auch hier zugrunde gelegt werden soll.

Wenn man diese zugegebenermaßen sehr grobe Untergliederung der Marketingfelder auf unser Kernthema, nämlich nicht das Stadtmarketing, sondern das Marketing für Kommunalverwaltung und Kommunalpolitik fokussiert, ergeben sich bereits erste Handlungsoptionen (vgl. Abb. 3.5). Im Regelfall startet man die Marketingbemühungen mit dem Produktmix, da es unmöglich ist bei der wechselseitigen Abhängigkeit der einzelnen Themenfelder beispielsweise mit einer offensiven Kommunikationsstrategie zu stärken, solange die Produktseite nicht gut definiert und durchdekliniert wurde. Wenn das Produkt Mängel hat, hilft

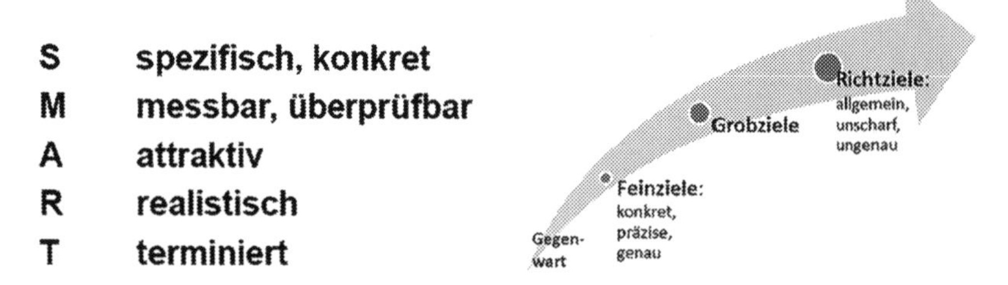

Abb. 3.4 SMART formulierte Ziele und Zeithorizonte. (Breyer-Mayländer 2015)

Abb. 3.5 Klassische Gliederung der vier Felder des Marketing-Mixes. (Abwandlung des Branchenschemas: Schönstedt, E./Breyer-Mayländer, T., Der Buchverlag 2010, S. 230, in Anlehnung an: Meffert 2000, S. 115)

es auch nicht, wenn man als Marketingchef doppelt so laut trommelt und schreit, um die Aufmerksamkeit auf das (leider noch nicht ausgereifte) Produkt zu lenken.

Es lohnt sich daher die Dimension des Produktmix im Rahmen der Darstellung des Gesamtmarketingmix detaillierter zu betrachten. Dabei gilt leider auch in Kommunen, dass die im Marketingmix so lapidar geforderte Produktqualität in der Praxis ein nicht ganz einfaches Problem darstellt. Die meisten Dienstleistungen einer Kommune sind im Sinne der Vermarktung der Qualität bestenfalls Erfahrungsgüter, wenn nicht gar Vertrauensgüter (vgl. dazu: Breyer-Mayländer 2018a, S. 73). Das bedeutet, dass die Kunden (meist die Bürgerinnen und Bürger) die Qualität einer kommunalen Leistung nicht vor der Inanspruchnahme, sondern bestenfalls nach der Inanspruchnahme beurteilen können. Manchmal wird es aber auch so sein, dass der Bürger die Qualität des Verwaltungshandelns nicht beurteilen kann und einfach darauf vertraut (oder weil es einen Kontrahierungszwang gibt und er z. B. den Personalausweis nicht an anderer Stelle erwerben kann, darauf vertrauen muss), dass die Dienstleistung gut und ihr Geld wert war. Ohnehin muss darauf geachtet werden, dass es keinen objektiven Maßstab für die Qualität einer Leistung gibt. Es ist im Sinne des Marketings immer die Erfüllung (oder auch positiv überraschende Übererfüllung) von Kundenerwartungen.

Die in vielen Themenfeldern üblichen Zufriedenheitsmaße, wie der seit einigen Jahren gängige Net-Promoter-Score (vgl. Breyer-Mayländer 2017b, S. 469) lassen sich hier nur begrenzt einsetzen, da – bei den vielen hoheitlichen Leistungen ohne Bezugsalternative – die Frage, ob man die Leistung empfehlen möchte, nur begrenzt passend ist. Dennoch geht es im Kern um die Kundenzufriedenheit der Bürger/innen und um die gefühlte Lebensqualität innerhalb der Kommune und ihrer Gemeinschaften. Annette Illy hat in einer sehr aufwendigen Untersuchung festgestellt: Je zentraler eine Gemeinde organisiert ist, desto größer fällt die Zufriedenheit der Bürgerinnen und Bürger aus (vgl. Illy 2014, S. 216). Für den Alltag in der Kommune geht es um die messbare Zufriedenheit insgesamt (hier helfen Bürgerbefragungen, offene Veranstaltungsformate mit unterschiedlich starken Feedback- und Beteiligungskomponenten) und die messbare Zufriedenheit mit einzelnen (Teil-) Leistungen der Kommune. Hier kann im Rahmen des Qualitätsmanagements eine kontinuierliche Zufriedenheitsmessung integriert werden und auch direkt am Ort des Geschehens erhoben werden. Mit einfachen Smiley-Buttons auf Bewertungs-Apps oder mithilfe von Terminals in den Kontaktbereichen wie Bürgerbüros lassen sich relativ einfach Daten erheben. Diese wiederum bedürfen einer gemeinsamen Interpretation, um einerseits den Controlling-Kreislauf und eine Verbesserungskultur in Gang zu setzen.

Wenn die kontinuierlichen Werte im Sinne eines Monitorings Auffälligkeiten ergeben, oder auch durch veränderte Rahmenbedingungen eine qualitative und intensivere Beurteilung kommunaler Leistungen gewünscht wird, kann man mit einfachen Fokusgruppen in der Praxis bereits sehr gute Hinweise auf Verbesserungspotenziale oder geänderte Bedürfnisse der (Teil-) Zielgruppen erhalten. Dazu wird eine begrenzte Auswahl an Bürgerinnen und Bürgern entsprechend der Zielgruppe der jeweiligen Themenfelder zu einer strukturierten Befragung mit Gruppen-Diskussion eingeladen, die von einem außenstehenden Dritten moderiert wird. Damit wird sichergestellt, dass eine offene Haltung dominiert und eine neutrale Aufnahme des Sachstands möglich ist. Wenn betroffene Kolleginnen und Kollegen direkt involviert sind, führt dies zu einer Verengung der Ergebnisse und häufig sogar zu an dieser Stelle kontraproduktiven Rechtfertigungsdiskussionen.

Wenn die Verwaltung zudem den Sprung in eine agile Kommunalverwaltung plant, können solche Ansätze nicht nur Ausgangspunkt von Entwicklungen und Veränderungen sein, sondern im Sinne eines agilen Managementansatzes auch bewusst stimuliert und integriert werden (vgl. Abb. 3.6).

Minimal viable Product (MVP)

Wie kommt man auch in der Kommunalverwaltung dazu, dass man die eigenen Produkte schneller auf ihre Sinnhaftigkeit und Marktreife hin testet? Eric Ries hat den oben dargestellten Zyklus als Kernstück der Arbeit eines sogenannten „Lean-Startups" definiert (Ries 2013, S. 73). Es geht um den zügigen Aufbau eines minimal funktionsfähigen Produkts (MVP/MFP), das maximal drei bis fünf relevante Eigenschaften aufweist, um anschließend zu testen, ob dieses Produkt im Markt funktionieren kann.

Die Prinzipien der agilen Softwareentwicklung mit Sprints als Umsetzung von Produktfeatures in kurzen Entwicklungszyklen und entsprechenden „User Stories" lassen sich gerade für die Kundenorientierung in der Verwaltung direkt nutzen. Sie sorgen dafür, dass der einzige, wirklich für den Erfolg maßgebliche

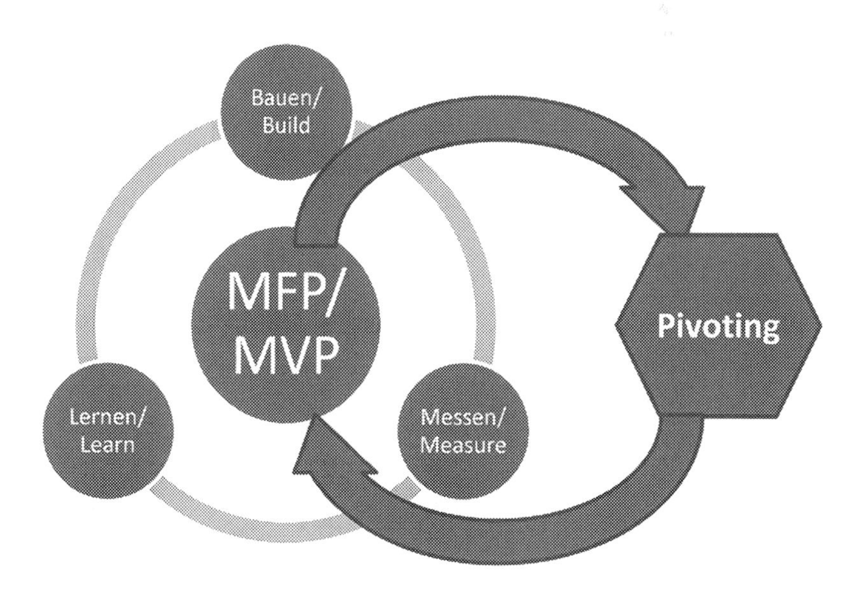

Abb. 3.6 Startup Management-Prinzip für Kommunen. (Breyer-Mayländer 2017, S. 82)

Maßstab, nämlich die Akzeptanz durch die Bürgerinnen und Bürger in der realen Situation, Gültigkeit besitzt. Um die Anforderungen zu definieren, gibt es die Möglichkeit, die Anforderungen der Bürger/innen als Nutzer mithilfe der „User Stories“ zu beschreiben. Dies sind knapp formulierte Beschreibungen, die auch die wesentlichen Motivationselemente beinhalten und auf den Punkt bringen (vgl. Schmikat/Friedrich 2015, S. 75). Dabei kann nach einzelnen typischen Anwendern in Form sogenannter „Persona“ (beispielhafte Festlegung der Bürger/innen, für die dieses Produkt gedacht ist) differenziert werden. Dabei muss bei allen Planungen der MVPs klar sein: Das Einzige, was am Ende wirklich für den Erfolg eines Unternehmens von Bedeutung ist, ist die Sichtweise der Bürger/innen als Kunden. Dies führt zu den von Hilgenstock und Jirmann bereits 2001 prognostizierten kooperativen Entwicklungsschritten, bei denen die Bürgerinnen und Bürger direkt in die Weiterentwicklung von Leistungen der Kommunalverwaltung und letztlich auch indirekt der Kommunalpolitik mit einbezogen werden (vgl. Abb. 3.7).

Die Darstellung des Produktbereichs zeigt, dass der Erfolg einer Kommunalverwaltung und auch die Voraussetzungen für Image und Akzeptanz in hohem Maße von den beteiligten Personen abhängig sind. Wenn man Kommunalverwaltungen als Dienstleistungsorganisationen begreift, dann ist dieser Befund kaum überraschend. Daher kommt dem Personalsektor und der Führungsstruktur der Kommunalverwaltung für unsere Fragestellung in zweierlei Hinsicht eine zentrale Rolle zu. Die Frage, wie mit der Ressource Personal intern umgegangen wird, ist einer der entscheidenden Faktoren, wenn es um die Beurteilung des Beschäftigungsfelds Kommunalverwaltung und damit um die Frage der Wahrnehmung als Arbeitgeber-Marke (Employer Brand) geht. Der zweite Blickwinkel beschreibt den Umstand, dass gute Personalführung eine zentrale Voraussetzung dafür ist, dass das Verwaltungshandeln der Kommune so gelingt, dass es auch bei

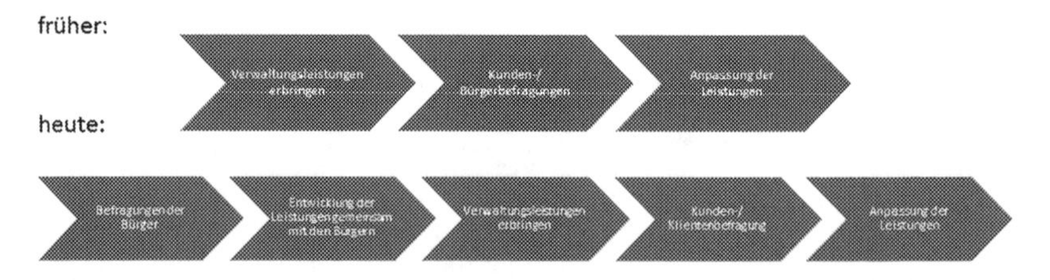

Abb. 3.7 Zusammenarbeit mit den Bürgern. (Eigene Darstellung, in Erweiterung von: Hilgenstock/Jirmann 2001, S. 17)

entsprechender Kommunikation positiv wahrgenommen wird. Die Professionalität des Verwaltungshandelns und die persönlichen Ressourcen im Umgang mit Menschen aufseiten der Mitarbeitenden sind zudem ein weiterer Faktor, wenn es um die Zusammenarbeit zwischen Lokal- und Kommunalpolitik und Stadtverwaltung geht.

Dies erfordert auf der Ebene des kommunalen Personalmanagements eine grundsätzlich andere Vorgehensweise, damit die Ziele des NPM erreicht werden können (siehe Abb. 3.8). Im Sinne des Marketings für Kommunalverwaltung und Kommunalpolitik kommt dem Personalsektor von der Einstellungspolitik und der damit verbundenen Professionalität der Personalauswahl über die begleitende Weiterqualifizierung und den Personaleinsatz große Bedeutung zu. Die Fähigkeiten der Führungskräfte auf Basis ihrer Personalentwicklung und Begleitung sind die Voraussetzung dafür, dass die erforderliche Leistung der Teams auch abrufbar ist.

Abb. 3.8 Personalarbeit im Rahmen des Bürokratiemodells und des New Public Managements (NPM)

3.3 Maßnahmen der Kommunikation

Wenn es um die Kommunikationsmaßnahmen geht, mit denen man die Verwaltung und Politik in Kommunen positionieren kann, dann muss zu Beginn die Frage geklärt werden, wie die Marke einer Stadt mit ihren spezifischen Profilattributen des Stadt- und Standortmarketings sich auf die Markendimensionen Verwaltung vor Ort und Politik vor Ort auswirken kann. Wie kann im Rahmen der Markenführung die Stadt als Marke und Arbeitgebermarke wahrgenommen werden? Mit diesem Themenfeld wird auch direkt deutlich, dass, ausgehend von den obigen Überlegungen zur „Produktpolitik“, das zweite Thema auch im Schnittfeld zwischen Produkt und Kommunikation zu sehen ist. Dabei sind die Marke und der Markenwert nur ein Teil des Zielsystems der Kommunikation. Es geht meist um Marke, Image, öffentliche Meinung, Vertrauensbeziehung und dann schlussendlich um die Übermittlung von Informationen (vgl. Breyer-Mayländer 2011, S 30 ff.).

An dieser Stelle lohnt sich ein Blick auf die zentralen Botschaften, mit denen für kommunale Politik und Verwaltung geworben werden kann. Am deutlichsten sieht man das am Beispiel des Personalmarketings. Hier ist gerade im Wettbewerb mit Angeboten aus der freien Wirtschaft die Sinnfrage das entscheidende Element. Die Möglichkeit durch ein Mitwirken in der Kommunalverwaltung oder analog auch in der Kommunalpolitik etwas für das Gemeinwohl vor Ort im unmittelbaren Lebensumfeld zu tun, liefert im Regelfall den signifikanten Unterschied. Es gibt daher sowohl für den Part Verwaltung als auch für den Part Politik einige Elemente, die in der Kommunikation Berücksichtigung finden sollten (vgl. Abb. 3.9).

Persönlicher Bezug
Wenn es um Aufgaben in der Verwaltung geht, dann lässt sich das sehr gut über entsprechende Kolleginnen und Kollegen darstellen. Diese werden vor Ort im Regelfall nicht nur abstrakt für das Thema stehen, sondern – gerade in kleineren Gemeinden und Mittelstädten werden die Personen auch direkt mit dem Thema identifiziert.

Veranschaulichen abstrakter Themen
Statt der abstrakten Kommunikation der Millionen-Ausgaben z. B. für das Hochwasserschutzkonzept bildet der konkrete Einstieg mit dem jüngsten Hochwasser und einer nachvollziehbaren Einordnung der finanziellen Themen (Relation zu anderen Ausgaben, Schäden etc.) eine bessere Möglichkeit, Menschen für die Themen zu motivieren.

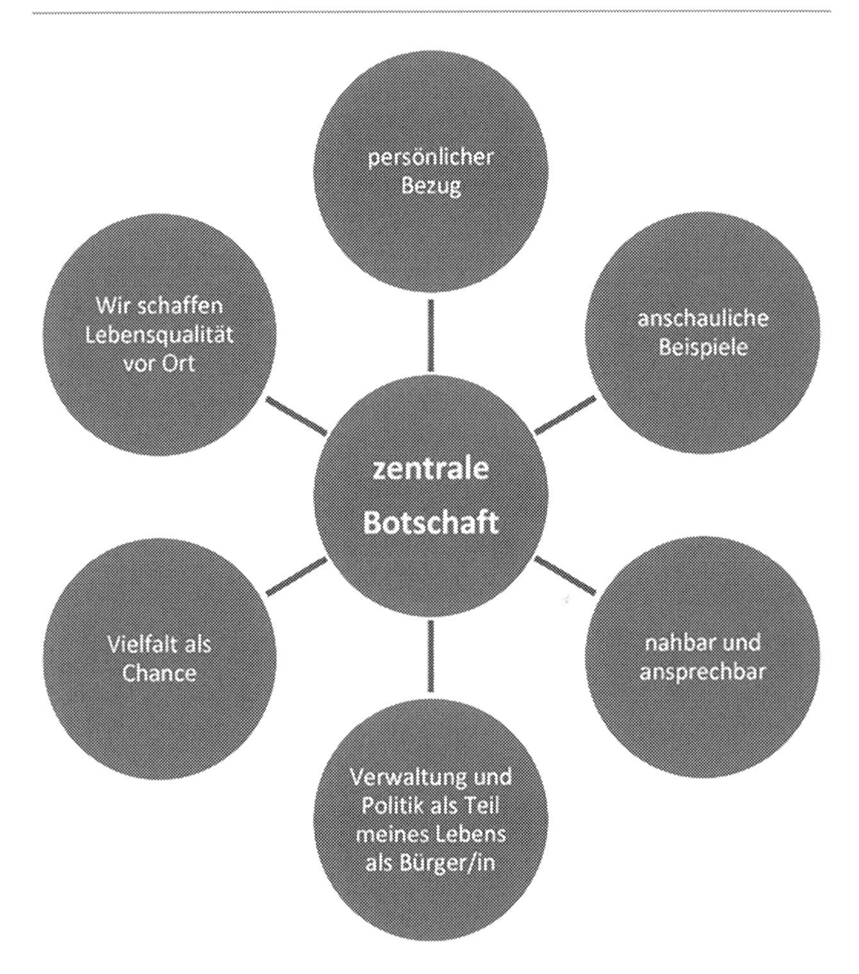

Abb. 3.9 Elemente der zentralen Botschaft, die direkt oder indirekt kommuniziert werden sollte. (Eigene Darstellung)

Nahbar und ansprechbar

Ob Kommunalverwaltung auf unterschiedlichen Hierarchieebenen oder Kommunalpolitik in Gestalt der Verwaltungsspitze oder der Gremien: Kommunale Arbeit ist ein sehr persönliches und personenbezogenes Thema. Ob Bürgermeister- und Kommunalwahlen als Persönlichkeitswahlen oder auch die Social Media-Aktivitäten, bei denen es auch aufseiten der Nutzenden um „people" geht (vgl. Lindner 2014).

Teil meines Lebens
Für die Bürgerinnen und Bürger muss deutlich werden, dass die Arbeit und die Themen der Kommunalverwaltung und damit auch der Kommunalpolitik einen elementaren Teil ihres eigenen Lebens ausmacht. Damit geben diese Aufgabenfelder die Gelegenheit einen wesentlichen Bereich des eigenen Lebens mitzugestalten.

Vielfalt der Lebenslagen und Lebenskonzepte
Die Vielfalt der Aufgaben statt den Eindrücken einer langweiligen Amtsstube zum Thema zu machen, ist das eine. Die Gelegenheit nutzen und gleichzeitig auf die gewünschte Vielfalt der Lebenslagen und Lebenskonzepte in der Bürgerschaft und die Berechtigung ganz unterschiedlicher Erwartungen und Bedürfnisse aufmerksam zu machen das andere, um dem Themenfeld „Kommunales" entsprechendes Leben einzuhauchen.

Wir schaffen Lebensqualität vor Ort
Der Umstand, dass die Lebensqualität und Entwicklungsperspektive vor Ort wesentlich durch Kommunalpolitik und -verwaltung geprägt werden, bietet in der Regel eine große Chance für eine auch emotional ansprechende Kernbotschaft (vgl. Abb. 3.10). Man muss jedoch realistisch feststellen, dass es auch Situationen gibt, beispielsweise wenn eine Kommune als „heruntergewirtschaftet" eingestuft wird, in denen diese Botschaft nur als hoffnungsvolle Zukunftsvision Anklang finden kann.

Dabei lässt sich jedoch auch in diesem Zusammenhang nicht verleugnen, dass in vielen Fällen direkter Handlungsbedarf besteht (vgl. Abb. 3.11):

Durch die veränderten Mediennutzungsgewohnheiten herrscht mitunter in der Praxis eine gewisse Verunsicherung, wie man denn im Jahr 2018 noch Menschen erreichen kann. Kommunalpolitische Phänomene, wie etwa die Abwahl eines etablierten Amtsinhabers bei einer OB-Wahl (vgl. in Freiburg 2018), werden gerne auf den moderneren Medienmix des Herausforderers zurückgeführt. Dabei muss man jedoch berücksichtigen, dass derartige Ereignisse selten monokausal zu sehen sind. Oder wie man in der Praxis sagt: Herausforderer können nur so stark sein, wie die Amtsinhaber schwach sind. Dennoch zeigt sich das Bedürfnis, die notwendigen Kommunikationskanäle für gezielte Marketingkommunikation in Kommunalpolitik und Kommunalverwaltung einordnen zu können.

Da wir auch bei großen Kommunen und regionalen Verwaltungseinheiten wie Landkreisen stets eng umgrenzte Kommunikationsräume antreffen, ist die Basis einer gezielten Kommunikation im Bereich der lokalen Kommunikationskanäle angesiedelt. Diese sind, unabhängig von den Detailentwicklungen der vergangenen Jahre und Monate, vergleichsweise konstant (vgl. Abb. 3.12).

15

Feinste Livemusik

Ettenheim-Altdorf. Livemusik vom Feinsten – vom Hard Rock'n'Roll bis Metal – wird am Samstag, 26. April, im Rockcafé geboten. Das Konzert der Bands „Down On Me", „Dust in My Hand" und „R.A.C.A.R." beginnt um 21 Uhr.

Der Eintritt ist frei, der Hut geht rum. Mehr Informationen unter www.rockcafe-altdorf.de.

ETTENHEIMER
StadtAnzeiger

Nr. 17 Donnerstag, 24. April 2014 38. Jahrgang

„Jesus Cries" live am Freitag

Ettenheim-Altdorf. Im Rockcafé bietet die Band „Jesus Cries" am Freitag, 25. April, ab 21 Uhr einen Streifzug durch die Sternstunden des Heavy Metal: von Iron Maiden und Judas Priest über Manowar und Saxon bis zu Motörhead und Metallica. Der Eintritt ist frei, der Hut geht rum.

Verwaltungsprofis erleben die komplette Bandbreite des Lebens

Heute (4): Ausbildungsangebote bei der Stadt Ettenheim

Acht Auszubildende mit dem Berufsziel Verwaltungsfachangestellte/r und Studierende für den gehobenen Dienst in der Kommunalverwaltung werden derzeit in der Ettenheimer Stadtverwaltung ausgebildet. Fünf davon haben sich die Zeit genommen, dem Ettenheimer Stadtanzeiger Rede und Antwort zu stehen und damit ihr Berufsbild für Schüler/innen in Ettenheim vorzustellen.

„Ettenheim bildet aus"

ETTENHEIMER StadtAnzeiger | Unternehmen ETTENHEIM

Marie Adolf und Vanessa Mosschler aus dem ersten Ausbildungsjahr zur Verwaltungsfachangestell... schule Kehl starten wird. Alle fünf Auszubildenden haben Schulen in Ettenheim besucht und sich mit Abitur bzw. Realschulabschluss beworben. Dies entspricht auch der typischen Bewerberstruktur, die bundesweit bei kaufmännischen Berufen ... klima durch hilfsbereite, erfahrene Kolleginnen und Kollegen.

Vielfalt der Themen und Tätigkeiten

Einer der großen Pluspunkte der Arbeit in der Kommunalverwaltung ist aus Sicht der Azubis die breite ... schon die Gelegenheit ihr Ausbildungsprofil in verschiedenen Schulen der Region vorzustellen.

Kontakt- und Kommunikationsfreude sind zentrale Anforderungen

Bei der Diskussion über die Erfahrungen mit der Arbeit zeigt sich auch, dass viele Menschen sich nur sehr eingeschränkt vorstellen können, welche Themen bei einer Kommunalverwaltung auftreten. „Ich bin von vielen gefragt worden, ob das nicht langweilig ist", berichtet Kathrin [illegible], „wenn ich dann aber die

Abb. 3.10 Beispiel für eine personenbezogene Darstellung der Vielfalt kommunaler Aufgaben und Berufe. (Breyer-Mayländer 2014)

Abb. 3.11 Beispiel für die Einschätzung einer Ausbildung im kommunalen Sektor durch die Peer-Group. (Breyer-Mayländer 2014)

Kontakt- und Kommunikationsfreude sind zentrale Anforderungen

Bei der Diskussion über die Erfahrungen mit der Arbeit zeigt sich auch, dass viele Menschen sich nur sehr eingeschränkt vorstellen können, welche Themen bei einer Kommunalverwaltung auftreten. „Ich bin von vielen gefragt worden, ob das nicht langweilig ist", berichtet Kathrin ███, „wenn ich dann aber die unterschiedlichen Themenbereiche aufzähle, dann merken die meisten schon, dass eine Stadtverwaltung mehr ist als das, was man im Bürgerbüro sieht." Bei den Diskussionen,

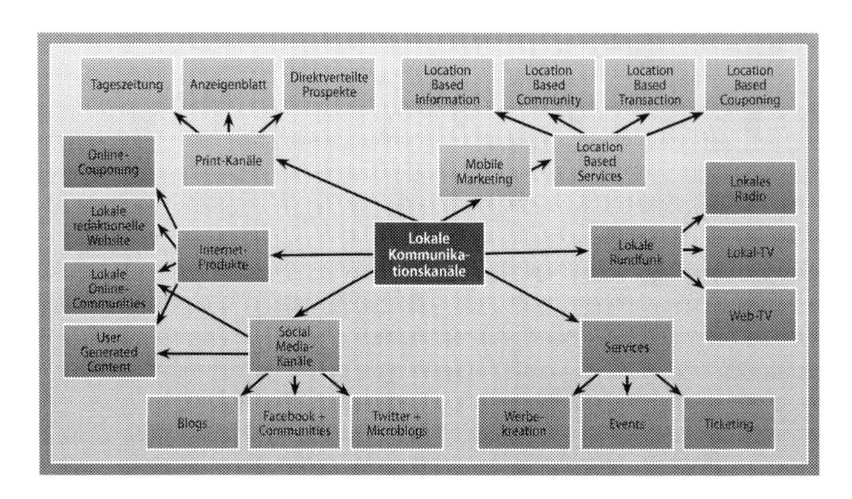

Abb. 3.12 Lokale Kommunikationskanäle. (Breyer-Mayländer 2011, S. 26)

Verändert hat sich jedoch in den vergangenen Jahren die Adressierbarkeit spezifischer Zielgruppen, insbesondere im Hinblick auf jüngere Altersgruppen. Die üblichen Kanäle, mit denen man früher kommunalpolitisch interessierte Zielgruppen adressierte, waren die Tageszeitungen, die in Deutschland meist als lokale und regionale Tageszeitungen die Vermittlung von kommunalen Themen, insbesondere auch Kommunalpolitik, als ihre Kernkompetenz ansahen. Die offiziellen Verlautbarungen, mit denen öffentliche Verwaltungen ganz im Stile der Pflichtanzeigen des öffentlichen Ausschreibungswesens versuchen zu kommunizieren, sind letztlich für einen inhaltlichen Dialog nicht mehr zeitgemäß. Einfache Abrundungen entstehen durch lokale Anzeigenblätter und die digitalen Varianten der regionalen Medienhäuser, die mehr oder weniger eng an die Printmarke angelehnt sind und – sofern sie nicht komplett mit einer harten Paywall versehen sind – auch jüngere Zielgruppen erreichen können. Die in vielen Fällen lokalen und engmaschigen Social Media-Kontakte gut vernetzter Kommunikatoren können eine gute Ausgangsbasis für die Kommunikation darstellen, wenngleich viele Kommunen sich allein aus Datenschutzgründen mit Facebook und der Privacy-Policy schwer tun.

Die Notwendigkeit, gezielt Social Media in den Mediamix zu integrieren, wird heute in keiner Kampagnenplanung bezweifelt. Aber Dominik Fehringer (2013) weist zurecht darauf hin, dass im Kontext der kommunalen Kommunikation hier nicht nur ein neuer Kanal zur Verfügung steht, der entsprechend bespielt werden kann. Die erweiterten Interaktionsmöglichkeiten führen dazu, dass zumindest vordergründig mehr Transparenz entstehen kann.

Wenn es darum geht, kommunale Themen inhaltlich mit der kompletten Kontroverse und den unterschiedlichen Meinungen vor Ort darzustellen, sind die Online-Plattformen von Bürgerinitiativen mit ihren Kommentarfunktionen sowie die Kommentarmöglichkeiten auf den lokalen Plattformen der regionalen Medienhäuser von Bedeutung. Zugleich zeigen jedoch zahlreiche Beispiele, dass immer wieder mit Kommentaren gerechnet werden muss, bei denen falsche Identitäten im Spiel sind und die in ihrer Art bei der primär unsachlich kommentiert wird, kein konstruktives Diskussionsklima fördern. Auch wenn rechtlich gegen diese Art von Kommentaren in der Regel nicht vorgegangen wird (vgl. Breyer-Mayländer 2017a, S. 218 f.), sind diese Postings ein Hindernis, wenn man Menschen dazu motivieren möchte, sich in verantwortlicher Position in den Bereich der Kommunalverwaltung oder mit einem Mandat in kommunalen Gremien einzubringen.

Für eine gezielte Kommunikation sind die Methoden der Mediaplanung entscheidend (vgl. Abb. 3.13).

Wenn es um die wirksame Kommunikation lokaler Themen zur Verdeutlichung des Nutzens der Kommunalpolitik und Kommunalverwaltung geht, ist es zunächst die Aufgabe der verantwortlichen Planer die Kommunikationsziele im engeren Sinne festzulegen, die im Regelfall innerhalb des Rahmens der Marketingziele liegen. Dabei geht es zunächst darum festzulegen, ob die Kommunikationsziele über bezahlte Werbung, PR-Aktionen oder klassische Pressearbeit erreicht werden sollen.

Wenn es um konkrete Kampagnen und Werbemaßnahmen geht, dann sind die meisten Kommunen gut beraten, wenn sie neben den möglichen Kooperationen und Werbebuchungen mit/bei den Playern vor Ort, sich auf die eigenen Stärken besinnen. Im Rahmen eines Workshops mit einer Kommune, die den Nachteil hatte, dass sie in ihrem Umfeld (Vollbeschäftigung) auch als Mittelstadt kaum Möglichkeiten hatte, sich als attraktiver Arbeitgeber zu präsentieren, wurden beispielsweise neben der Nutzung lokaler bzw. regionaler Medien und Plattformen auch die Nutzung der stadteigenen Medien geplant. Dabei kommt bei näherer Betrachtung oft ein bunter Blumenstrauß möglicher Medien zustande (vgl. Abb. 3.14).

Wir haben bei den inhaltlichen Kampagnen im kommunalen Umfeld dieselbe Logik vorliegen, wie sie generell bei der gesteuerten Kommunikation vorherrscht (vgl. Kiefer 2018, S. 16): Die Botschaften-Ebene, die Kanal-Ebene und die Konzept-Ebene. Zunächst muss geklärt werden, welche Inhalte und welche Botschaft zu einem Thema tatsächlich gesetzt werden sollen. Anschließend findet die oben

Abb. 3.13 Mediaplanung als Teil der Marketing- und Kommunikationsplanung. (Breyer-Mayländer 2018b, S. 187)

beschriebene Auswahl der zur Botschaft passenden Kanäle statt: Mit welchen Bildern und auch sprachlichen Frames soll hier gearbeitet werden?

Ein in vielen Bereichen immer wieder eingesetzter Klassiker sind Events und dabei insbesondere Informationsveranstaltungen, die mit unterschiedlich hohem Partizipationsanteil ausgestattet werden können und damit auch schon die Brücke zum nächsten Kapitel darstellen. Beispielhaft sollen diese Möglichkeiten anhand einer Infoveranstaltung zur Kommunalwahl veranschaulicht werden.

Ausgangspunkt der Veranstaltungsplanung war das Problem, wie man im Hinblick auf die Kommunalwahl 2019 in Baden-Württemberg ein ausreichend großes Kandidatenfeld ansprechen kann, um unter den restriktiven Bedingungen einer sogenannten „unechten Teilortswahl", bei der für jeden Ortsteil einzeln quotierte

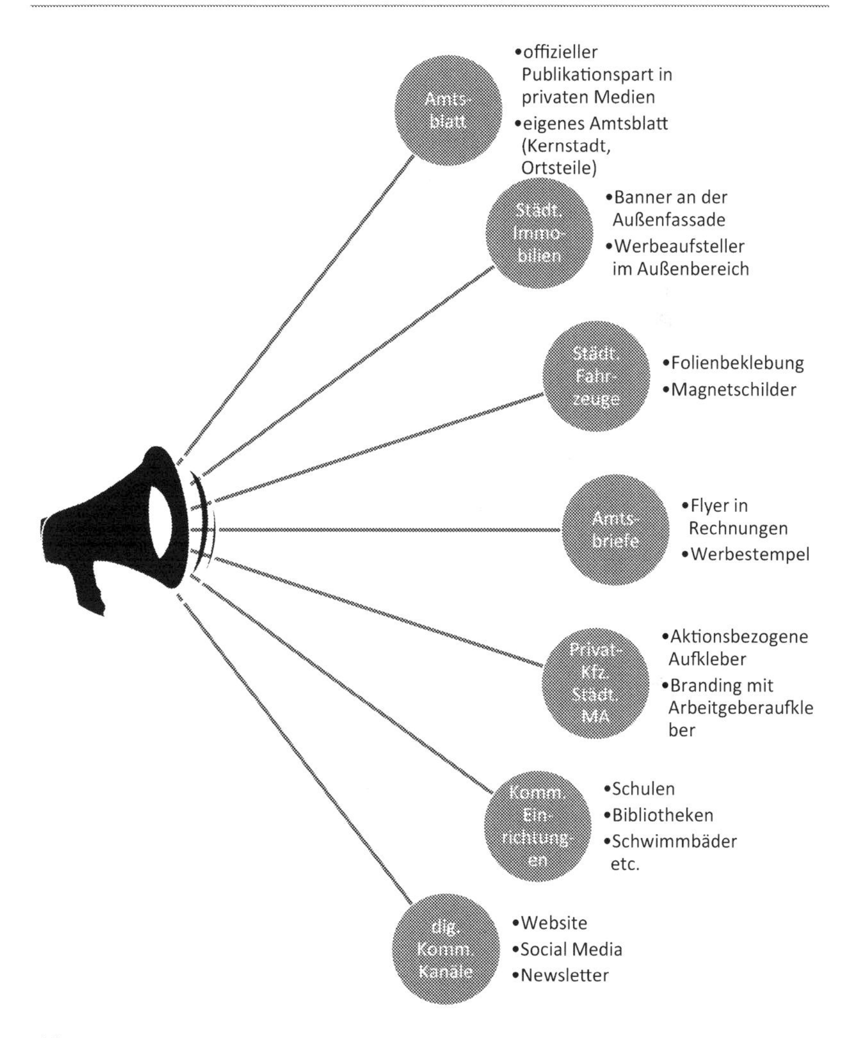

Abb. 3.14 Mögliche stadteigene Kommunikationswege zur Bürgerschaft. (Eigene Darstellung)

Kandidaten angesprochen werden, jede Liste mit einem für die Wählerschaft attraktiven Portfolio antreten kann. Da im Rahmen einer Bürgerwerkstatt bereits deutlich wurde, dass es aus den Reihen der dort Engagierten der eine oder andere sich mit dem Gedanken trägt, sich noch intensiver in die Belange der Stadt einzubringen, wurde fraktionsübergreifend eine Veranstaltung geplant, bei der über die Arbeit eines Gemeinderats informiert werden sollte und dabei auch ein erstes Begegnen mit an dieser Arbeit interessierten Bürgerinnen und Bürgern möglich wurde. Der entscheidende Erfolgsfaktor war dabei die externe Moderation, die es ermöglichte mit einer Abwandlung des World-Café-Formats themenbezogene Diskussionen zwischen Interessenten und Räten in Gang zu setzen. Die Veranstaltung wurde von allen Beteiligten als sehr positiv wahrgenommen, da beispielsweise Fremdeinschätzungen der Arbeit im Stadtrat, wie etwa eine starke Denkweise in Listen und Parteien direkt durch eigenes Erleben korrigiert werden konnten.

3.4 Maßnahmen der Partizipation

Der Grundsatz „Partizipation schafft Identifikation" dürfte inzwischen von den meisten Akteuren im politischen Umfeld akzeptiert werden, wenngleich die Vorstellungen von Art und Umfang dieser Partizipationsmöglichkeiten bei jeder Form der Konkretisierung dann meist wieder weit auseinandergehen können. Fragt man formal geprägte Experten nach den Möglichkeiten der Partizipation im kommunalen Bereich, bekommt man eine Aufzählung aller formal festgeschriebenen Varianten, wie z. B. in Baden-Württemberg: Einwohnerfragestunde, Bürgerversammlung/Einwohner-versammlung, Bürgerantrag, Bürgerbegehren/Bürgerentscheid (vgl. Bock 2014, S. 494 f.).

Die Erweiterung dieser formalen Beteiligungsmöglichkeiten der Bürger/innen ist das politische Credo unterschiedlicher politischer Strömungen. Die Koalition aus Grünen und SPD, hat sich mit der ersten Staatsrätin für Zivilgesellschaft und Bürgerbeteiligung einige Elemente der „direkten Demokratie" auf die Fahnen geschrieben (vgl. Erler 2013, S. 263). Mit einigen Punkten wurde diese formale, direkte Mitbestimmung gestärkt, wenngleich dies auch zum Teil zulasten der Stellung der Mandatsträger in Stadt- und Gemeinderäten geht. Wenn beispielsweise das Zustimmungsquorum bei Volksentscheiden von 33 auf 20 % abgesenkt wird und der Weg zu Bürgerbegehren einfacher ist, dann kann sich das auch wieder einschränkend auf die Mandatsträger auswirken. Die verpflichtende Einbeziehung der Bürgerschaft bei großen Infrastrukturprojekten ist eine einmalige Festlegung in Baden-Württemberg und wird von der Politik als Reaktion auf Stuttgart 21 beschrieben.

Dass die Landesregierung in Baden-Württemberg unter der Rubrik „kommunale Bürgerbeteiligung" direkt auf die Ebene der Großprojekte geht, ist kein Zufall. Großprojekte stehen insbesondere bei Bauvorhaben unter einer Art Generalverdacht vonseiten der Bevölkerung. Schon der Begriff „großes

Bauprojekt" schreckt viele Menschen ab (vgl. Köcher 2011), ein Umstand, der vor allem auch im Kontext neuer Technologien mit erheblichen kommunalen Risiken wie beispielsweise Geothermie berücksichtigt werden muss (vgl. Hofmann/Leinemann 2013). Denn die Tatsache, dass Risikowahrnehmung durch unterschiedliche Stakeholdergruppen im Wesentlichen auf einem Konstrukt beruht, führt dazu, dass allein die Begleitberichterstattung zu derartigen Projekten für eine nicht ganz einfache Akzeptanzlage sorgt. Die typischen Widerstände gegen solche Projekte in der konkreten Umsetzung, auch wenn allgemein hohe Akzeptanzwerte vorherrschen, resultieren aus dem NIMBY-Effekt (Not in my Backyard), der neueren Variante des St.-Florians-Prinzips. Daher werden in einigen empirischen Untersuchungen zur Akzeptanz von Infrastrukturprojekten auch direkt drei Zielgruppen identifiziert (NIMBYS, FUNDIS und NEUTRALOS) (vgl. Eisenkopf/Burdorf/Rhomberg 2015, S. 37) und eine Anlehnung an die VDI-Richtlinie 7001 empfohlen.

Die VDI-Richtlinie 7001 richtet sich an Vorhabenträger, Generalplaner, Ingenieur-/Planungsbüros, Projektsteuerer und ausführende Unternehmen. Sie richtet sich aber auch an Behörden und Bauämter sowie an Verbände und Bürgerinitiativen. Die Richtlinie besteht aus zwei großen Abschnitten: 1) Allgemeine Anforderungen an gute Kommunikation und Öffentlichkeitsbeteiligung, 2) Gute Kommunikation und Öffentlichkeitsbeteiligung in den Leistungsphasen der Ingenieurplanung (Brettschneider 2015, S. 18).

Die Richtlinie kann somit im Sinne der Maßnahmen des Marketings für Kommunalpolitik und Kommunalverwaltung dazu benutzt werden, die notwendige Partizipation und projektstützende Kommunikation mit Ausrichtung auf die unterschiedlichen Interessen von Stakeholdern zu gestalten. Dabei lohnt sich bei allen Maßnahmen der gezielten Partizipation eine weitere Differenzierung (vgl. Renker 2018, S. 90):

- **Partizipation:** Bürger wirken mit den kommunalen Gremien aktiv und kritisch bei Entscheidungen und Entwicklungsschritten mit. Voraussetzung ist eine ausreichende Information über die Geschehnisse in der Kommune.
- **Involvement:** „Im ständigen Dialog sammeln die Bürger mündlich und schriftlich Meinungen und werten sie auch gemeinsam aus (Konsultationen)" (Renker 2018, S. 90). Renker sieht hier vor allem das persönliche Engagement im Vordergrund, was auch eine persönliche Betroffenheit und gleichzeitige Konfliktfähigkeit bedingt.

- **Identifikation:** Die erlebte Partizipation und das Involvement führen zu einer Stärkung der Identifikation mit dem Ort und den damit verbundenen Ritualen und reicht am Ende von der Mitwirkung, Mitbestimmung und Mitentscheidung bis zu einer Selbstverpflichtung der Bürger/innen zur aktiven Beteiligung bei der Umsetzung.
- **Commitment:** Bürgermeister, Gemeinderat und Bürger/innen verpflichten sich selbst und selbstlos, was ein in der Gruppe konsistentes Verhalten ermöglicht.

Neben den eingangs beschriebenen formalen Beteiligungsverfahren haben sich in der Praxis eine ganze Reihe von gruppenbezogenen Moderations- und Entwicklungsprozessen etabliert und bewährt, mit denen einzelne Veranstaltungen mit partizipativem Charakter, aber auch komplette Beteiligungsprozesse ermöglicht werden.

Stadtentwicklungsprozesse
Die „Königsklasse" sind komplette Stadtentwicklungsprozesse, die meist mehrere Monate oder Jahre umfassen und bei denen mehrstufig beispielsweise über Open-Space-Auftaktveranstaltungen die verwaltungseigene Entwicklungs- und Reformagenda durch bürgerschaftlichen Input ergänzt wird. Anschließend wird in unterschiedlichen Veranstaltungen und Formaten die Agenda weiter ausdifferenziert und abgearbeitet.

Ausbildung von Bürgermoderator/inn/en
Die Ausbildung von Bürger/innen zu Moderatoren, die dann in einem mehrstufigen Stadtentwicklungsprozess selbst als Akteure der Prozessbegleitung relevant werden, stärkt das bürgerschaftliche Engagement und auch die Gestaltungskompetenz der Bürger/innen.

Bürger-Workshops
Unabhängig von größeren Entwicklungsprozessen können zu einzelnen Themen der Stadt- oder auch Stadtteil-Entwicklung Bürger-Workshops abgehalten werden, in denen beispielsweise Themen priorisiert werden und eine Agenda erstellt wird, die dann wieder in die Gremien (z. B. den Stadtrat) eingebracht werden.

Open-Space-Konferenzen
Open-Space ist eine Großgruppen-Konferenzform, bzw. auch im engeren Sinne eine Moderationstechnik, bei der ein Großteil der Themenfestlegung am eigentlichen Tag selbst erfolgt. Im Rahmen von Stadtentwicklungsprozessen kann diese Veranstaltungsform vor allem zur Sammlung und Strukturierung von Agenda-Punkten der künftigen Stadtentwicklung eingesetzt werden.

World-Café

Im Rahmen von Teilveranstaltungen wie z. B. Bürgerworkshops lässt sich diese Moderationsform gewissermaßen als kleiner Bruder der Open-Space-Konferenz besonders gut einsetzen. Dabei wird eine große Gruppe in kleine Gruppen aufgeteilt, die je 4–5 Personen umfasst, die an einem Stehtisch rund 20–30 min. zu einem Thema diskutieren, dass durch offene Fragen beschrieben wird. Die Ergebnisse werden z. B. mit dicken Stiften auf der „Tischdecke" festgehalten. Nach Ablauf der Zeit bleibt je ein Gastgeber zurück und der Rest der Gruppe mischt sich neu an einem anderen Thementisch. Am Ende bleiben mehrfach ergänzte „Tischdecken", die dann in einer Ausstellung präsentiert werden.

Aktivierungs- und Beteiligungsformate für Einzelzielgruppen

Im Rahmen der Stadtentwicklung ist es reizvoll, den großen Entwicklungsprozess für alle Bürgerinnen und Bürger offenzuhalten. Dennoch gibt es Szenarien, bei denen es sich anbietet einzelne Teilzielgruppen gesondert zu adressieren und ggf. eigene Beteiligungsprozesse vorzusehen. So machen viele Kommunen gut Erfahrungen mit der Segmentierung nach Altersgruppen/Lebenslagen indem Senioren oder Jugendliche gesondert angesprochen werden. Hier ist dann in vielen Fällen auch eine gesonderte Gremienarbeit (Seniorenrat, Jugendgemeinderat etc.) als Stufe der Institutionalisierung möglich, wobei gerade die Generation Z in vielen Fällen nur begrenzt an Institutionalisierungen und den damit verbundenen langfristigeren Verpflichtungen interessiert ist, sodass sich andere Formen der Jugendbeteiligung etabliert haben (vgl. Dischinger 2018). So sind projektbezogene Initiativen, bei denen das jeweilige Thema (Sportstätten, Umweltschutz etc.) im Vordergrund steht, oft einfacher zu betreiben. Weitere gesonderte Entwicklungsprozesse können beispielsweise mit Teilgruppen wie Unternehmen und der Wirtschaft vor Ort oder Vereinen und Interessensgemeinschaften durchgeführt werden.

Für viele Kommunen liegt hier ein großes Betätigungsfeld, das reichlich Verbesserungspotenzial bietet. Da hier Kompetenzen gefordert sind, die man im Alltag in einer Kommune nicht ständig vorhalten muss und vorhalten kann, ist es auch ein Themenfeld, in das viele Kommunen zu recht externe Moderatoren und Berater mit einbeziehen, die entweder punktuell oder für den ganzen Prozess Aufgaben übernehmen (vgl. Vagedes 2015, S. 19).

Auch bei sorgfältiger Planung von Bürgerbeteiligungen oder auch bei einer offenen Diskussionskultur aufseiten der Verwaltung sind die Ergebnisse von Entwicklungsprozessen in vielen Fällen nur schwer prognostizier- und steuerbar. Dabei gibt es in vielen Fällen vor allem ein Problem mit dem Timing.

Verspätete Partizipation

Die zu späte Einbeziehung der Bürgerschaft, nachdem in nicht-öffentlichen Sitzungen schon vieles diskutiert und vorbereitet wurde, ist ein typischer Problemfall in der kommunalen Praxis. Es hinterlässt beim Bürger den Eindruck, nicht gefragt worden zu sein. In einigen Fällen wird dann auch ein Bürgerentscheid erst erzwungen, der – sollte es zur Ablehnung des Verwaltungsvorschlags kommen – auf beiden Seiten Wunden hinterlassen kann.

Geplante Partizipation mit falschem Timing

Beispielfall ist die Veränderung im Gesundheitswesen einer Region, bei der die beteiligten Verwaltungen proaktiv Infobroschüren und Infoveranstaltungen vorgesehen hatten und damit jenseits der Gremienarbeit eine aus ihrer Sicht vorbildliche Beteiligungsarbeit vorgenommen hatten. Wenn jedoch die Broschüre zur Unterstützung der Argumente der geplanten Veränderung zeitgleich mit dem Ergebnis eines unabhängigen Gutachtens veröffentlicht wird, bewirkt sie eher eine Verstimmung der Bürger/innen. So eine Publikation muss lange vor oder nach (dann mit direktem Bezug zum Ergebnis) dem Gutachten entstehen und publiziert werden.

Rund um das Timing von Partizipationsprozessen oder von Veränderungen allgemein gibt es natürlich auch auf der kommunalen und regionalen Ebene einen wichtigen Faktor, den man nicht vernachlässigen sollte. Das sind die Amtszeiten und Wahlperioden. Wer kurz vor der Kommunalwahl grundsätzliche kontroverse Themen auf die Agenda setzt, muss sich nicht wundern, wenn er im Ergebnis sehr viel mehr Diskussionen und ggf. auch Widerstand erfährt. Gleiches gilt kurz vor Ablauf der Amtszeit von (Ober-) Bürgermeister/inne/n. Bevorstehende Wahlen, vor allem in den Fällen, in denen es um klassische Direktwahlen geht, haben eine eigene Logik des Agenda-Settings. Wer hier die falschen Themen im Vorfeld ausruft, wird sich keinen Gefallen tun.

Wenn es um unterstützende Kommunikationsmaßnahmen geht, die mehr Partizipation, Anschaulichkeit, Transparenz, aber auch mehr Emotionalität und Bindung gestatten, dann haben sich in vielen Unternehmungen aber auch Kommunen Corporate Blogs etabliert, die einen losen, aber kontinuierlichen Austausch mit den Zielgruppen gestatten. Das zentrale Element sind dabei die Inhalte („content is king"), was auch die Kontinuität in der Betreuung und eine mittel- und langfristige Themenplanung mit einschließt (vgl. Notthoff 2014, S 19). D. h. im Regelfall wird von den betreuenden Abteilungen und/oder Agenturen aus eine „Bugwelle" von 2–3 Monaten vorausgeplant. Neben diesen geplanten Aktionen besteht der Reiz des Mediums jedoch darin, permanent erreichbar zu sein und flexibel im Austausch mit den Bürger/innen zu (re)agieren.

Einen Überblick über zahlreiche kommunale Bürgerbeteiligungsprojekte in Deutschland erhält man unter: https://www.netzwerk-buergerbeteiligung.de/

3.5 Kurze Beispiele aus der Praxis

a) **Die Suche nach Personal, inkl. (Ober-) Bürgermeister/inne/n**
Ein recht finales Problem kommt für Kommunen stets dann auf, wenn es darum geht, Personal zu gewinnen. Üblicherweise wird in traditioneller Weise dort inseriert, wo sich diejenigen tummeln, die aktiv auf der Suche nach einer neuen Aufgabe sind. Bei vielen Verwaltungsfunktionen sind das fokussierte Plattformen, wie beispielsweise in Baden-Württemberg der Staatsanzeiger, der auf allen Kanälen (Print, Online, eigene Stellen-App „eStellen") Stellen anbietet. Lediglich in der Print-Ausgabe werden fachlich qualifizierte und latent Suchende angesprochen, die aktuell in den meisten Arbeitsmarktsegmenten die spannendste Klientel darstellen. Da diese Kunden jedoch in vielen Bereichen auch gar nicht überregional mobil sind (die Planbarkeit des Einsatzortes und damit die Steuerbarkeit des eigenen Wohnorts sind zentrale Vorteile der Arbeit bei einer Kommune), wird in vielen Fällen eine primär regionale Suche erfolgreich sein. Für das Image der Verwaltungsarbeit oder auch das Image der politischen Arbeit der Verwaltungsspitze ist es entscheidend, dass die Kommunikation zu diesen Themen so erfolgt, dass die Stadt sich nicht nur formal rechtlich korrekt in Stellenanzeigen präsentiert, sondern – wenn möglich – auch hier das im positiven Sinne Besondere als Stadt, als Arbeitgeber, als Institution vor Ort erkennbar wird. Hier liegt in vielen Fällen noch ein gewisser Spielraum in der Kommunikation.

b) **Bürgerbeteiligung von privater und öffentlicher Seite**
Hamburg ist Dank der Elbphilharmonie ja inzwischen bundesweit dafür bekannt, dass es für die Stadt keineswegs immer leicht ist, die Bürger/innen bei allen Projekten emotional mitzunehmen, auch wenn dann am Ende doch noch alles gut endet und die Skepsis bei vielen in Stolz umgeschlagen ist. Im Kontext der großen Stadtentwicklungsprozesse ist es daher nicht überraschend, dass es bei den Plänen von Stage Entertainment, dem Hamburger Musicalbetreiber, zur Anbindung seiner Veranstaltungs-Location über eine Seilbahn eine Reihe von Einwänden und Bedenken gab. Das Erstaunliche im weiteren Vorgehen war der Entschluss über klassische Bürgerbeteiligung, wie wir sie aus dem öffentlichen Raum kennen, die Stakeholder teilhaben zu lassen, um Widerstände abzubauen (vgl. Raike 2014). Ziel war es neben einer zentral gesteuerten Informationskampagne Konzepte zu erarbeiten, wie skeptische Anwohner am Ende von einem derartigen Projekt profitieren könnten,

indem es nicht als weiterer Touristen-Fremdkörper, sondern als Teil des eigenen ÖPNV-Systems wahrgenommen wird. Dennoch war es am Ende dem Unternehmen nicht gelungen einen Stimmungsumschwung zu bewirken. In einer Abstimmung lehnten die befragten Anwohner das Projekt mit klarer Mehrheit ab. Dabei sind die Hamburger durchaus beteiligungserprobt, da die Stadt Hamburg den kompletten Stadtentwicklungsprozess der vergangenen Jahre mit der sogenannten „Stadtwerkstatt" begleitet hatte (vgl. Melzer 2012).

c) **Wie verankert man emotional eine eher ruhige Region?**
Nordhessen ist eine Region, die deutschlandweit nicht unter zu großer Aufmerksamkeit leidet und daher in vielen Feldern der klassischen kommunalen Marketingarbeit aktiv sein muss. Da es hier für unsere Betrachtungsweise jedoch nicht um die Fragen des Stadtmarketings im klassischen Sinne geht, sondern die Verankerung bei den Bürger/inne/n, ist der gewählte Social Media-Ansatz interessant. Mit Mitmachaktionen unter Begleitung von einer regionalen Agentur war es möglich, eine Reihe von Bürgerinnen und Bürger zu aktivieren und dabei auch ein nennenswertes Volumen von User Generated Content zu generieren. Die entscheidenden Kanäle waren ein reales „Fest für alle" sowie neben der klassischen Pressearbeit die Social Media-Kanäle Facebook, Instagram und Twitter (vgl. Lüth 2018). Damit wird gerade bei jungen, eher weniger für kommunale Themen affinen Zielgruppen die Haltung gegenüber den Entwicklungsprozessen der Stadt und den Akteuren aus Politik und Verwaltung mit entwickelt.

d) **Stadtentwicklung als strategische Aufgabe**
Die Stadt Braunschweig hatte in einem sechsmonatigen Stadtentwicklungsprozess unter Mitwirkung der Bürgerschaft Ideen für ein Zukunftsbild der Stadt gesammelt (vgl. Hans 2015). Ziel war ein integriertes Stadtentwicklungskonzept, mit dem eine Vision und damit auch gewissermaßen der Ausgangspunkt für den strategischen Rahmen definiert werden sollte. Der Ist-Zustand aus unterschiedlichen Blickwinkeln war das Thema der Auftaktveranstaltung „Stadtcheck" (offenes Workshopformat, das an unterschiedlichen Orten wiederholt wurde, OB-Fragestunde). Ideensammlung über das Projektportal (www.denkdeinestadt.de) Dieser Input wurde in der zweiten Projektphase geclustert und priorisiert und von Experten bewertet. In der abschließenden Projektphase wurden die bis dahin erarbeiteten Punkte nochmals den Bürgern zurückgespiegelt, sodass eine Validierung der bisherigen Überlegungen möglich wurde. Einer der Erfolgsfakten auf allen Stufen war dabei die Integration junger Zielgruppen über eigene Themen für Jugendliche und unter Einbeziehung der Schulen. Am Ende ist auf diesem Weg nicht nur ein Erreichen der Marketingziele der Kommune selbst, sondern implizit eine Verbesserung der Akzeptanz von lokaler Verwaltung und Politik möglich.

e) **Markenwerte im Wandel – auch mit Einbeziehung der Bürger/innen**
Es ist keine Überraschung, dass die großen Städte in der Markenwahrnehmung führend sind. Wenn man den im deutschen Markt anerkannte „Brandmeyer Stadtmarken-Monitor" heranzieht, dann sind die Großstädte in der Größenordnung Hamburg, München und Köln führend (vgl. Wodzak 2015). Dabei ist die Wahrnehmung durch die Bevölkerung, die dieser Studie zugrunde liegt, kein analytisches Kriterium, sondern das Ergebnis vieler unterschiedlicher Einzelwahrnehmungen, die teilweise auch von Aussagen Dritter abhängig sind. Um als Kommune nicht nur der tradierten Wahrnehmung ausgeliefert zu sein, sondern ergänzend dazu selbst noch Impulse bei der Markenwahrnehmung setzen zu können, bedarf es auch für Städte eines Markenmanagements. Hier sind die wesentlichen Stakeholder jedoch die Bürger/innen, die man mit einbeziehen kann und eigentlich einbeziehen muss. Bochum hat beispielsweise in seinem Stadtentwicklungsprozess die Bürger/innen zu Co-Produzenten erklärt, damit es gelingt alte, nicht mehr gerechtfertigte Zuschreibungen von außen und innen zu verändern (vgl. Heinze 2015). Nach der Veränderung und Neudefinition der Markenwerte und -inhalte bildet dann die Ausgestaltung der Marke im Sinne des Corporate Designs den Abschluss. Mit diesem Ansatz wird auch das Verhältnis der Bürger/innen zu ihrer Kommune als Institution und Organisationseinheit und damit auch die Haltung gegenüber der Kommunalverwaltung entscheidend geprägt und gestaltet.

f) **Kampagnen für das Wir-Gefühl**
Es ist eine der Aufgaben der Stadtentwicklung und des gezielten Kommunalmarketings unterschiedliche Zielgruppen zu berücksichtigen. Was an neuen Marketing- und Kommunikationsinstrumenten vorhanden ist, wird dabei in den Marketing- und Kommunikationsmix integriert. Influencer-Marketing im kommunalen Tourismussektor oder die Nutzung von Communities im Rahmen des Social Media-Marketings sind hier typische Beispiele. Es sind aber oft auch klassische Werbeinstrumente, die mit der Lokalität spielen und so konzipiert sind, dass sie direkt vor Ort gegenüber den Zielgruppen Touristen und Bürger/innen ihre Wirkung entfalten. In diesem Sinne war auch die Aktion zu verstehen, mit der die Stadt Amsterdam ihren Slogan „I am sterdam" umsetzte (vgl. Hans 2016). Mit riesigen überdimensionalen Buchstaben war der Slogan im Stadtbild präsent, sodass auch vonseiten der Bürgerschaft eine höhere Identifikation mit der Stadt möglich wurde. Eine wichtige Voraussetzung, um am Ende die Bürger/innen selbst auch zu Botschaftern der Kommune zu machen. Wer sich so mit seiner Stadt identifiziert, dass er Produkte der kommunalen Merchandising-Palette in Concept-Stores erwirbt, hat auch gegenüber den Verwaltungs- und Politikprozessen eine andere Grundhaltung.

Was Sie aus diesem *essential* mitnehmen können

- Kommunalpolitik und Kommunalverwaltung stehen vor steigenden Herausforderungen, wenn es darum geht, Akzeptanz für die Aufgabengebiete und die eigene Leistung zu finden.
- Die gezielte Analyse der Interessen von unterschiedlichen Stakeholdern (Bezugsgruppen) hilft bei der Definition der notwendigen inhaltlichen Festlegungen und Kommunikationsschritte.
- Gezielte Kommunikationsmaßnahmen sowohl als Werbung als auch PR und aktivierende Formate der Beteiligung (z. B. Stadtentwicklungsprozesse oder eigene Zielgruppenveranstaltungen) verändern die gegenseitige Wahrnehmung von Bürger/innen und Kommune/Kommunalpolitik.
- Neben Partizipation geht es um Involvement (das persönliche Engagement), Identifikation (auch die Verbundenheit mit den Kernbotschaften und dem Markenversprechen einer Kommune) und das Commitment im Sinne einer selbstlosen Aktivität für das kommunale Gemeinwohl.

T. Breyer-Mayländer, *Marketing für Kommunalverwaltung und Kommunalpolitik*, essentials, https://doi.org/10.1007/978-3-658-24560-3

Literatur

Abberger, Klaus (2013): Bürgermeister – Was tun gegen die Bewerberflaute?, Boorberg, Stuttgart

Arnim, Hans Herbert von (1993): Der Staat als Beute – Wie Politiker in eigener Sache Gesetze machen, Droemersche Verlagsanstalt Th. Knaur Nachf., München

Bartsch, Matthias/Clauß, Anna/Deggerich, Markus (2017): Mit allen Mitteln, in: Der Spiegel 20/2017, S. 38–40

Banner, Gerhard (2016): Starke Rathäuser braucht das Land, in: Witt, Paul (Hrsg.) (2016): Karrierechance Bürgermeister: Leitfaden für die erfolgreiche Kandidatur und Amtsführung, Boorberg, Stuttgart, 2. Auflage, S. 222–242

Bergknapp, Andreas (2003): Ärgerberatung in Organisationen – systemische und strukturaktionstheoretische Implikationen, in: Gruppendynamik und Organisationsberatung, September 2003, Volume 34, Issue 3, S. 247–259

Bock, Irmtraud (2014): Bürgerbeteiligung – Wesentliches Element der Kommunalverfassung, in: Die Gemeinde, Gemeinderatsausgabe, BWGZ 11-12/2014, 30. Juni 2014, S. 494–495

Bollmann, Ralph (2015): Eine Frage des Gewissens, in: faz.net, 18.08.2015, http://www.faz.net/aktuell/wirtschaft/menschen-wirtschaft/was-bedeutet-das-genau-dem-gewissen-verpflichtet-13752194.html (Abruf: 11.04.2017)

Brettschneider, Frank (2012): Legitimation durch Kommunikation? Die gesellschaftliche Debatte über Ingenieurprojekte, in: mining+geo 3/2012, S. 435–439

Brettschneider, Frank (2015): Kommunikation und Öffentlichkeitsbeteiligung in der Energiewende, in: Bundesnetzagentur (Hrsg.) (2015): Wissenschaftsdialog 2014: Technologie, Landschaft und Kommunikation, Wirtschaft, Bonn, Bundesnetzagentur, S. 13–31

Breyer-Mayländer, Thomas (2009): Aktives Wertemanagement: Basis der Unternehmenskommunikation, expert Verlag, Renningen

Breyer-Mayländer, Thomas (2011): Erfolg für Stadtmarketing und Werbegemeinschaften: Strukturen, Strategien, Analxsen und bundesweit erfolgreiche Aktionen. Hochschulverlag Offenburg

Breyer-Mayländer, Thomas (2014): Verwaltungsprofis erleben die komplette Bandbreite des Lebens, in: Ettenheimer Stadtanzeiger, 24.04.2014, S. 15

Breyer-Mayländer, Thomas (2015): Führung braucht Klarheit, Hanser München

Breyer-Mayländer, Thomas (2016): All business is local, in: Markenartikel 3/2016, S. 100–102

T. Breyer-Mayländer, *Marketing für Kommunalverwaltung und Kommunalpolitik*, essentials, https://doi.org/10.1007/978-3-658-24560-3

Breyer-Mayländer, Thomas (2017): Management 4.0 – Den digitalen Wandel erfolgreich meistern: Das Kursbuch für Führungskräfte, Hanser-Verlag, München

Breyer-Mayländer, Thomas (2017a): Ein Quantum Wahrheit – Postfaktischer Populismus als Herausforderung für unsere repräsentative Demokratie, BoD Norderstedt

Breyer-Mayländer, Thomas (2017b): Medienmarketing-Controlling, in: Zerres, Christopher (Hrsg.): Marketing-Controlling: Grundlagen – Methoden – Umsetzung, 4. Auflage, Springer Gabler, Wiesbaden, S. 459–478

Breyer-Mayländer, Thomas (Sept 2017): Schul-PR im Zeichen der Bürgerbeteiligungseuphorie – Kommunikation und Partizipation, Wolters Kluwer Deutschland, Loseblatt-Werk, Neuwied, September 2017

Breyer-Mayländer, Thomas (2018): Autonomer Mediencontent – Folgen von Roboterjournalismus, Chatbots und Co. für die Struktur des Mediensystems, in: Breyer-Mayländer, Thomas (Hrsg.) (2018): Das Streben nach Autonomie: Reflexionen zum digitalen Wandel, Nomos, Baden-Baden, S. 265–285

Breyer-Mayländer, Thomas (2018a): Medienkonvergenz aus medienökonomischer Perspektive: Erlösmodelle für crossmediale Medien, in: Otto, Kim/Köhler, Andreas (Hrsg.) (2018), Crossmedialität in Journalismus und Unternehmenskommunikation, Springer VS Wiesbaden, S. 63–91

Breyer-Mayländer, Thomas (2018b): Mediaplanung, in: Zerres, C. (Hrsg.) (2018): Handbuch Marketing-Methodik – Band 1: Einführung und Planung, Bookboon, 2. Auflage, ISBN 978-87-403-2273-6, S. 186–203

Bundeskanzleramt (Hrsg.) (2017): Bessere Rechtsetzung 2016: Mehr Zeit für das Wesentliche: Bericht der Bundesregierung 2016 nach § 7 des Gesetzes zur Einsetzung eines Nationalen Normenkontrollrates Mai 2017

Burkhart, Harald (2014): Personalstrategie sichert Leistungsfähigkeit der Kommunalverwaltung – Fachkräftemangel bestimmt den Arbeitsmarkt, in: Die Gemeinde, Gemeinderatsausgabe, BWGZ 11-12/2014, 30. Juni 2014, S. 688–689

CDU Baden-Württemberg, Brief vom 20.07.18

Debiel, Stefanie/Wagner, Leonie (2011). Landlust und Landfrust – Soziale Arbeit in ländlichen Räumen, in: Sozial Extra, April 2011, Volume 35, Issue 3–4, S. 16–16

Diehl, Paula (2016): Die Krise der repräsentativen Demokratie verstehen. Ein Beitrag der politischen Theorie, in: Zeitschrift für Politikwissenschaft, Nr. 26–2016, S. 327–333

Dischinger, Marcus (2018): Es muss nicht immer ein Gremium sein, in: Staatsanzeiger, Freitag 15. Juni 2018, Nr. 23

Drucker, Peter (2009): Management, Band 1, Campus Verlag, Frankfurt/New York

Ebert, Helmut/Fisiak, Iryna (2018): Bürgerkommunikation auf Augenhöhe: Wie Behörden und öffentliche Verwaltung verständlich kommunizieren können, Springer Gabler Wiesbaden, 3. Auflage

Eisenkopf, Alexander/Burgdorf, Christian/Rhomberg, Markus (2015): Bürgerbeteiligung bei großen Infrastrukturprojekten – Erfolgsfaktoren guter Kommunikation, in: Bundesnetzagentur (Hrsg.) (2015): Wissenschaftsdialog 2014: Technologie, Landschaft und Kommunikation, Wirtschaft, Bonn, Bundesnetzagentur, S. 33–50

Erler, Gisela (2013): Bürgerbeteiligung – vom Helfen zum Mitbestimmen, in: Kegelmann, Jürgen/Martens, Kay-Uwe (Hrsg.) (2013): Kommunale Nachhaltigkeit: Jubiläumsband zum 40-jährigen Bestehen der Hochschule Kehl und des Ortenaukreises, Nomos Baden-Baden, S. 261–268

Fehringer, Dominik (2013): Social Media im Lichte der öffentlichen Verwaltung – Nachhaltige und moderne Kommunikation als Herausforderung für Kommunen, in: Kegelmann, Jürgen/Martens, Kay-Uwe (Hrsg.) (2013): Kommunale Nachhaltigkeit: Jubiläumsband zum 40-jährigen Bestehen der Hochschule Kehl und des Ortenaukreises, Nomos Baden-Baden, S. 269–276

Fischer, Klaus (2017): Petition ist abgewiesen, in: BZ online, 16.11.2017, http://www.badische-zeitung.de/ettenheim/petition-ist-abgewiesen–145118121.html, (Abruf: 19.11.2017)

Gross, Peter (1994): Die Multioptionsgesellschaft; Suhrkamp, Frankfurt a. M.

Gualini, Enrico (2011): Stadtentwicklung, Zivilgesellschaft und bürgerschaftliches Engagement – Replik auf die Rezension von Klaus Selle in Raumforschung und Raumordnung (2010) Nr. 58, S. 519–521, in: Raumforschung und Raumordnung (11. Januar 2011) Nr. 69, S. 71–72

Haller, M. (2015): Was wollt ihr eigentlich? Die schöne neue Welt der Generation Y, Murrmann-Verlag Hamburg

Hans, Rebekka (2015): Gedankenspiele in Braunschweig, in: Public Marketing Dezember 2015, S. 18–20

Heinze, Frank (2015): Stadtgeflüster im Markenmanagement, in: Public Marketing September 2015, S. 18–21

Hetfleisch, Patricio (2017): Moser Holding: Die Digitalisierung lokaler Medien. Herausforderungen für die regionale Tageszeitung, Präsentation für das AVS-Kundenforum am 08.03.2017 in Hannover, S. 37

Hilgenstock, Ralf/Jirmann, Renate (2001): Mitarbeiterführung in der öffentlichen Verwaltung: Konzepte, Beispiele, Checklisten, Gabler Wiesbaden

Hofmann, Thorsten/Leinemann, Ralf (2013): Bürgerbeteiligung konkret: Kommunikation und Recht bei Tiefengeothermie Projekten, in: Geothermische Energie Heft 76 // 2013/2, S. 6–8

Holtmann, Everhard (2004): Dynamische Gewaltenteilung – ein „vergessenes" Thema der Politikwissenschaft, in: Politische Vierteljahresschrift, September 2004, Volume 45, Issue 3, S. 311

Illy, Annette (2014): Kommunale Institutionen und öffentliche Leistungen: Untersuchungen zur kommunalen Effizienz und Zufriedenheit der Bürger, Springer Gabler, Wiesbaden

Katzer, Catarina (2016): Cyberpsychologie – Leben im Netz: Wie das Internet uns ver@ndert, dtv München

Kegelmann, Jürgen (2013): Die Zukunft der Verwaltung, in: Kegelmann, Jürgen/Martens, Kay-Uwe (Hrsg.) (2013): Kommunale Nachhaltigkeit: Jubiläumsband zum 40-jährigen Bestehen der Hochschule Kehl und des Ortenaukreises, Nomos Baden-Baden, S. 245–260

Kiefer, Markus (2018): Unternehmenskommunikation – Erfolgreiche Kommunikationskonzepte aus Wissenschaft und Praxis, Recito, Essen

Kister, Kurt (2016): Die Populisten, in: Süddeutsche Zeitung, Jahresrückblick 2016, S. 24–29

Knobloch-Westerwick, Silvia (2007): Kognitive Dissonanz „Revisited", in: Publizisitik Heft 1, März 2007, 52. Jahrgang, S. 51–62

Köcher, Renate (2011): Wie stehen die Bürger zu großen Infrastrukturvorhaben? Vortrag auf der Gemeinschaftsveranstaltung „Deutschland im Investitionsstau. Wege zu mehr Akzeptanz für große Infrastrukturmaßnahmen" von BDI, HDB und BDS/BBZ in Berlin, 12. September 2011

Kost, Andreas (2016): Bürgermeister in Nordrhein-Westfalen, in: Witt, Paul (Hrsg.) (2016): Karrierechance Bürgermeister: Leitfaden für die erfolgreiche Kandidatur und Amtsführung, Boorberg, Stuttgart, 2. Auflage, S. 245–259

Kretschmann, Winfried (2011): Regierungserklärung von Winfried Kretschmann am 25. Mai 2011 im Landtag von Baden-Württemberg, in: baden-wuerttemberg.de, 25.05.2011, https://www.baden-wuerttemberg.de/fileadmin/redaktion/dateien/Altdaten/202/110525_Regierungserklaerung_MP_Kretschmann_Protokollfassung.pdf (Abruf: 17.05.2017)

Kretschmann, Winfried (2015): Politik des Gehörtwerdens ist der richtige Weg, in: baden-wuerttemberg.de, 20.08.2015, https://www.baden-wuerttemberg.de/de/service/presse/pressemitteilung/pid/politik-des-gehoertwerdens-ist-der-richtige-weg/ (Abruf: 17.05.2017)

Kuhlen, Rainer (1995): Informationsmarkt – Chancen und Risiken der Kommerzialisierung von Wissen, UVK Konstanz

Lang, Bianca/Möller, Andreas/Schaghaghi, Mariam (2017): Sind Eichhörnchen AfD?, in: spiegel.de, 29.09.2017, http://www.spiegel.de/stil/s-magazin/stefan-strumbel-der-offenburger-kuenstler-ueber-heimat-a-1169725.html (Abruf: 06.07.2018)

Lindner, Christian (2014): Social Media als Verlagsaufgabe – People nicht User, in: Breyer-Mayländer, Thomas (Hrsg.) (2014): Vom Zeitungsverlag zum Medienhaus – Geschäftsmodelle in Zeiten der Medienkonvergenz, Springer Gabler, Wiesbaden, S. 193–201

Lüth, Anja (2018): Zeig´ dein Herz für die Region, in: Public Marketing Juni 2018, S. 28–29

Masson, Michael (2018): Parteibuch spielt keine Rolle, in: Badische Zeitung online, 29.06.2018, https://www.badische-zeitung.de/ettenheim/das-parteibuch-spielt-keine-rolle-x1x-154074866.html (Abruf: 06.07.2018)

Meckel, Miriam (2012): Serendipity als Innovationsstrategie. in: Stadler, Rupert/Brenner, Walter/Herrmann, Andreas (Hrsg.) (2015): Erfolg im digitalen Zeitalter: Strategien von 17 Spitzenmanagern, Frankfurter Allgemeine Buch, Frankfurt. S. 35–50

Melzer, Angenta (2012): Werk-Stadt Hamburg, in: Public Marketing Juni 2012, S. 12–15

Melzer, Agneta (2013): Vom Wutbürger zum Mitmachbürger, in: Public Marketing April 2013, S. 16–19

Melzer, Agneta/Wodzak, Yvonne (2011): Vom Wutbürger zum Wahlbürger, in: Public Marketing, Januar/Februar 2011, S. 25–27

Löffler, Bertold (2016): Bürgermeisterwahlkampf – Strategie und Taktik, in: Witt, Paul (Hrsg.) (2016): Karrierechance Bürgermeister: Leitfaden für die erfolgreiche Kandidatur und Amtsführung, Boorberg, Stuttgart, 2. Auflage, S. 28–63

Müller, Jan-Werner (2016): Was ist Populismus? Ein Essay, Suhrkamp, Berlin

Müller, Jan-Werner (2017): Populisten brauchen Kollaborateure, in: Perspektive 01/2017, S. 8–13

Mutz, Gerd (2011): Bürgerschaftliches Engagement, in: Sozial Extra 1/2 2011, S. 41–44

Neidlein, Hans-Christoph (2018): Kommunale Daseinsvorsorge sichert Lebensqualität, in: ZfK Juni 2018, S. 4

Notthoff, Ingo (2014): Mehr Bürgernähe und Dialog, in: Public Marketing Juni 2014, S. 18–20

Raab, Gerhard/Unger, Alexander/Unger, Fritz (2010):Marktpsychologie: Grundlagen und Anwendung, 3. überarbeitete Auflage, Gabler, Wiesbaden, S. 42–64

Raike, Wolfgang (2014). Was denkt das Volk?, in: Public Marketing Juli/August 2014, S. 22–24

Redmann, Britta (2018): Erfolgreich führen im Ehrenamt: Ein Praxisleitfaden für freiwillig engagierte Menschen, Springer Gabler, Wiesbaden, 3., aktualisierte und überarbeitete Auflage

Renker, Clemens (2018): Das neue Dorf: Gestalten, um zu überleben – vier Handlungsfelder zum Erhalt dörflicher Gemeinschaften, Springer Gabler Wiesbaden

Ries, Eric (2013): Lean Startup: Schnell, risikolos und erfolgreich Unternehmen gründen, Redline Verlag München, 2. Auflage

Röper, Horst (2018): Zeitungsmarkt 2018: Pressekonzentration steigt rasant, in: Media Perspektiven 5/2018, S. 216–234

Scheuch, Erwin K./Scheuch, Ute (1992): Cliquen, Klüngel und Karrieren, Rowohlt, Reinbek Hamburg

Schlie, Ulrich (2015): Der Weg zum Weißbuch 2006 und Folgerungen für die sicherheitspolitische Diskussion, in: Zeitschrift für Außen- und Sicherheitspolitik, Januar 2015, Volume 8, Supplement 1, S. 139–156

Schneider, Gerd/Toyka-Seid, Christiane (2018): Das junge Politik-Lexikon von www.hanisauland.de, Bonn: Bundeszentrale für politische Bildung, http://www.bpb.de/nachschlagen/lexika/das-junge-politik-lexikon/161431/muendigkeit, (Abruf: 06.07.2018)

Schmikat, Ralf/Friedrich, Michael (2015): Agiles Requirements Engineerig mit User Stories und Story Maps, in: Lang, Micheal/Scherber, Stefan (Hrsg.) (2015): Agiles Management: Innovative Methoden und Best Practices, Symposion Düsseldorf, S. 72–88

Schweiger, Wolfgang (2017): Der (des) informierte Bürger im Netz: Wie soziale Medien die Meinungsbildung verändern, Springer Fachmedien, Wiesbaden

Staatsanzeiger Baden-Württemberg (Hrsg.) (2018): Kommune gestalten, Sonderbeilage vom 27. April 2018

Stahmer, Ingrid (2000): Gruppe. Interaktion. Organisation. Zeitschrift für Angewandte Organisationspsychologie (GIO), März 2000, Volume 31, Issue 1, S. 55–67

Thimm, Caja/Bürger, Tobias (2015): Digitale Partizipation im politischen Konflikt – „Wutbürger“ online, in: Friedrichsen, Mike/Kohn Roland A. (Hrsg.) (2015): Digitale Politikvermittlung: Chancen und Risiken interaktiver Medien, Springer VS, Wiesbaden, S. 285–304

Vagedes, Angelika (2015): Bürgerdialoge machen Politik anfassbar, in: Public Markting Oktober 2015, S. 18–20

VDI (2014): VDI-Richtlinie 7001 – Kommunikation und Öffentlichkeitsbeteiligung bei Planung und Bau von Infrastrukturprojekten. Standards für die Leistungsphasen der Ingenieure. Berlin: Beuth Verlag.

Wallner, Regina Maria (2018): Digitale Medien zwischen Transparenz und Manipulation – Internet und politische Kommunikation in der repräsentativen Demokratie, Springer VS, Wiesbaden

Weber, Max (1972): Wirtschaft und Gesellschaft, Mohr Siebeck-Verlag, Tübingen, 5. Auflage

Wehling, Elisabeth (2016): Politisches Framing: Wie eine Nation sich ihr Denken einredet – und daraus Politik macht, Herbert-Halem-Verlag, Köln

Wehling, Hans-Georg (2009): Kommunalpolitik in Baden-Württemberg, in: Frech, Siegfried/ Weber, Reinhold (2009): Handbuch Kommunalpolitik, Landeszentrale für politische Bildung, Stuttgart, S. 9–29

Wehling, Hans-Georg (2016): Wer wird Bürgermeister?, in: Witt, Paul (Hrsg.) (2016): Karrierechance Bürgermeister: Leitfaden für die erfolgreiche Kandidatur und Amtsführung, Boorberg, Stuttgart, 2. Auflage, S. 15–27

Wodzak, Yvonne (2015): Keiner ist so stark wie Hamburg, in: Public Marketing September 2015, S. 12–16

Zimmermann, Frank (2018): Filzvorwurf und Interessenskonflikt, in: Badische Zeitung, Ausgabe Ettenheim, S. 31

Printed in the United States
By Bookmasters